암(癌)도 치료하는 중국 3천년의 호흡 건강법!!

현대단전호흡법

현대레저연구회 편

이 책은 무공의 힘을 이용하여
단전호흡(기공)을 효율적으로 마스터하는
비법을 소개한 장수·건강술(健康術)의 지침서이다.

단전호흡 실행으로 건강을 찾자!!
건강의 비법은 호흡 속에 있다!!

太乙出版社

암(癌)도 치료하는 중국 3천년의 호흡 건강법!

현대 단전호흡법

현대레저연구회편

太乙出版社

* 첫머리에 *

건강의 비법은 호흡 속에 있다

인간의 건강의 원천은 호흡 속에 있다. 모든 병의 원인은 호흡과 연계되어 있다. 몸에 이상이 생기면 가장 먼저 호흡에 장애가 온다.

호흡기에 이상이 없거나, 호흡의 운용을 잘하는 사람은 의외로 건강한 경우가 많다. 이러한 관계로, 많은 건강 운동의 주류를 살펴보면 호흡기를 튼튼히 하거나 또는 호흡의 운용으로 전신의 혈액과 호르몬 등의 흐름을 원활하게 해주는 운동이 많다. 그 중의 대표적인 케이스가 바로 단전호흡(丹田呼吸)이다.

단전호흡은 호흡을 이용하여 내장을 튼튼히 하고, 정신을 맑게 유지시킴으로서 심신의 단련은 물론 건강을 보장하여 장수할 수 있는 신체를 만드는 것을 목적으로 한 건강운동의 일종이다.

이 책은 무공의 힘을 이용하여 단전호흡(기공)을 효율적으로 마스터하는 비법을 소개한 장수·선상술(健康術)의 지침서이다.

이 책의 목적은 3가지이다.

하나는, 평소에 건강한 사람 또는 체질이 약한 사람이, 건강 유지나 병의 예방, 체질 개선, 불노 장수(不老長壽)의 목적으로 단전호흡을 연습할 때 사용할 수 있는 입문서이다.

또 하나는, 위·십이지장궤양, 간염, 고혈압, 저혈압, 신경쇠약, 당뇨병 등의 성인병, 만성병으로 고생하는 사람이 체질 개선, 병의 치유를 목적으로 단전호흡을 연습할 때의 지침서가 될 것. 이 때, 제 2 장의 병에 따른 연공법(練功法)이 크게 도움이 될 것이다.

또 하나는, 단전호흡의 보조 요법으로서, 스스로가 건강한 삶을 찾을 경우에 중요한 태극권의 가장 쉬운 입문서가 될 것.

그리하여, 누구든지 단계적으로 단전호흡(기공)을 마스터할 수 있도록 연공법(練功法)의 해설과 사진의 배열 구성에 신경을 써서 책을 꾸몄다.

따라서, 이 한 권의 책으로 건강의 유지와 증진에, 만성병의 치유에 대단한 효과를 얻을 수 있으리라 믿는다.

특히, 이 책은 단전호흡 연구의 제1인자인 유귀진(劉貴珍) 선생과 의료체육 연구로 저명한 탁대굉(卓大宏) 선생, 그리고 "일대(一代)의 권왕"으로 널리 알려진 중국의 안휘대학(安徽大學) 교수인 장호천(蔣浩泉) 선생의 도움으로 엮어졌음을 밝혀 둔다.

아울러 이 책이 독자 여러분의 건강 증진과 행복한 삶에 조금이라도 도움이 되기를 빈다.

편 자 씀.

차 례*

- ●첫머리에 / 건강의 비법은 호흡 속에 있다············ 3

서장 / 단전호흡, 기공(気功)이란 무엇인가

경이의 건강법「기공(気功)」················12
중국의 기공(氣功) 붐················12
기공이란 무엇인가················16
의료(医療)로서의 기공(気功)················26
기공은 어째서 병을 치료하는 것인가················26
기공은 어째서 암(癌)을 치료하는가················27
기공으로 좋아지는 병················28
기공의 극의(極意)「입정(入静)」현상················29

제1장 / 기공(気功)은 이렇게 연공(練功)한다

기공을 능숙하게 하기 위해서는················32
기공 연공(氣功練功)의 네 가지 요령················32
어디서 연습하는가················33
언제 연습하는가················34
연습해서는 안되는 때················35
연공 중의 일반적 주의················36

✱차 례

방송공(放鬆功)의 연공(練功) ······ 38
- 방송공(放鬆功)의 효과(效果) ······ 38
- 방송공(放鬆功)의 연공법(練功法) ······ 38
- 연공(練功)의 횟수와 시간 ······ 44

내양공(內養功)의 연공(練功) ······ 46
- 내양공의 효과 ······ 46
- 내양공의 연공법 ······ 46
- 내양공·경호흡법 ······ 52
- 연공의 횟수와 시간 ······ 54
- 내양공·연호흡법 ······ 56
- 연공의 횟수와 시간 ······ 58

강장공(強壯功)의 연공(練功) ······ 62
- 강장공의 효과 ······ 62
- 강장공의 연공법 ······ 62
- 강장공·정호흡법(靜呼吸法) ······ 66
- 연공의 횟수와 시간 ······ 68
- 강장공·심호흡법(深呼吸法) ······ 70
- 연공의 횟수와 시간 ······ 70
- 강장공·역호흡법(逆呼吸法) ······ 72
- 연공의 횟수와 시간 ······ 72

보건공(保健功)의 연공 ······ 74

차 례

① 정좌(靜坐) ·· 74
② 이공(耳功) ·· 75
③ 고치(叩齒) ·· 77
④ 설공(舌功) ·· 77
⑤ 수진(漱津) ·· 77
⑥ 찰비(擦鼻) ·· 78
⑦ 목공(目功) ·· 79
⑧ 찰면(擦面) ·· 80
⑨ 항공(項功) ·· 82
⑩ 유견(揉肩) ·· 83
⑪ 협척공(夾脊功) ·· 84
⑫ 차요(搓腰) ·· 85
⑬ 차미골(搓尾骨) ·· 86
⑭ 찰단전(擦丹田) ·· 86
⑮ 유슬(揉膝) ·· 88
⑯ 유용천(揉涌泉) ·· 88
⑰ 직포식(織布式) ·· 90
⑱ 화대맥(和帶脈) ·· 90

행보공(行步功)의 연공 ··· 92
  ① 준비식(準備式) ·· 92
  ② 토고납신(吐故納新) ·· 94

*차 례

③ 정보고단전(定步叩丹田) ················· 96
④ 간수식(看手式) ························· 98
⑤ 행보용(行步樁) ························· 100
⑥ 조정평형(調整平衡) ····················· 102
⑦ 족역장강(足踢長强) ····················· 104
⑧ 평유태극권(平揉太極拳) ················· 106

연공(練功) 과정 중의 주의 사항 ··············· 109
연공과 환경 ······························· 109
연공의 시간 ······························· 109
연공법의 선택 ····························· 110
연공과 음식·영양의 조절 ··················· 110
연공과 식사시간 ··························· 111
증상이 무거운 사람의 연공 ················· 111

상설(詳說)·기공(気功)의 3원칙 ··············· 112
조신(자세)의 문제 ························· 112
조식(호흡)의 문제 ························· 116
조심(調心 : 의식)의 문제·입정으로의 도달법 ······· 118

연공(練功) 중의 정상반응 ····················· 121
팔촉(八触) ································· 121
소화기능의 증강 ··························· 122
신진대사의 왕성 ··························· 123

| 차 례 |

성 기능(性機能)의 문제 ································· 123
여성의 연공(練功) ···································· 124
연공 중의 이상 반응 ······································ 125
피로하다 ··· 125
호흡이 짧아져 막힌다 ································ 125
몽롱해져 잔다 ·· 125
심계(心悸)가 항진한다 ······························· 126
복통, 배가 부르다, 가슴이 답답하다 ·············· 127
놀란다 ··· 127
현기증, 머리가 아프다, 초조하다 ················· 128
흔들흔들 움직인다, 튄다, 날아오른다 ············ 129
병 불안정과 병 재발 ································ 130
보조 요법(補助療法) ···································· 131
의료체육(医療体育) ·································· 131
그 외의 보조 요법 ··································· 132

제2장 / 기공(気功)으로 병을 치료한다

병에 따른 연공법 ·· 134
기공요법의 효과 ····································· 134
소화계통의 병 ·· 134

＊차 례

심혈관 계통의 병 …………………………………… 137
신경계통의 병 ……………………………………… 139
호흡계통의 병 ……………………………………… 141
혈액계통의 병 ……………………………………… 142
비뇨·생식계통의 병 ……………………………… 142
내분비·대사계통의 병 …………………………… 143
부인과계통의 병 …………………………………… 143
오관과(五官科) 계통의 병 ………………………… 144

기공 태극권(気功太極拳) ……………………………… 146

제3장 / 가장 쉬운 태극권 입문

8식 태극권(八式太極拳) ……………………………… 148
　① 태극 기세(太極起勢) ………………………………… 149
　② 운수(雲手) = 상지(上肢) 운동 …………………… 151
　③ 루슬추장(摟膝推掌) = 어깨, 무릎운동 …………… 154
　④ 야마분종(野馬分鬃) = 가슴, 허리운동 …………… 158
　⑤ 람작미(攬雀尾) = 전신운동 ………………………… 162
　⑥ 하식 독립(下式独立) = 평형운동 ………………… 172
　⑦ 등각(蹬脚) = 넓적다리운동 ………………………… 180
　⑧ 십자수(十字手) = 심호흡운동 ……………………… 185

서 장

단전호흡(丹田呼吸), 기공(気功)이란 무엇인가

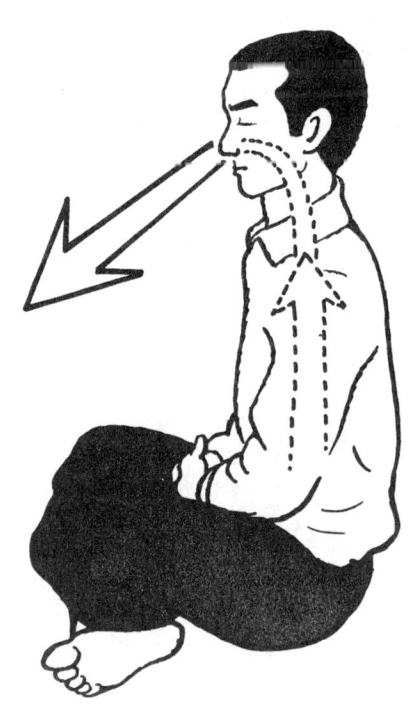

경이의 건강법 「기공(気功)」

- 중국의 기공(気功) 붐

 중국에서는 근년, 건강의 증진, 병의 치료, 모든 불로 장수의 묘법(妙法)으로써, 기공이 널리 대중에게 애호되어 폭발적인 붐을 이루고 있다.
 이것은 많은 기공(氣功) 연구가나 기공사에 의해 오랜 기간 임상 연구와 그 치료 실적이 그 결실을 맺어, 드디어 일반 대중 사이에서도 기공에 대한 평가가 높아진 결과이다.
 게다가 근래, 중국 국내 각지에서는 자주 표연(表演) 되어지고 있는 「경기공(硬氣功)」(돌이나 널판지나 철봉을 맨손으로 자르기도 하고, 배 위에 얹은 돌을 큰 망치로 두들겨 깨기도 하는 기술)에 대한 일반의 호기심이 높아진 것도 그 인기 원인의 하나라고 말할 수 있다.
 또 하나, 암을 고친다고 한다. 곽림여사의 신기공 요법이 매스컴에 보도 되어진 것도 거기에 한 몫을 한 것이다. 여사는, 자궁암에 6회의 수술을 받았지만, 회복의 징조를 볼 수 없어, 의사로부터 더 살 가망성이 거의 없다고 간주되었었다. 그 때부터 기공의 연구를 시작하여 신기공 요법을 고안, 마침내 암을 극복했다. 이래, 암을 비롯하여, 만성 질환으로 고생하는 많은 환자에게 신기공 요법을 지도, 좋은 성적을 거두었다. 이것이 자연 과학 연구 기공 붐을 만들었던 것이다.
 또, 기공을 습득하고 싶어 하는 대중의 소망에 맞추어, 많은 기공 연구가가 중국 각지로 간 것도 빼 놓을 수 없다.

▲중국의 기공 붐. 집단으로 기공의 연습

◀철봉을 맨손으로 자른다

▼ 삼지창의 무기 끝에 배를 얹고, 신체를 빙그르르 한바퀴 회전시킨다

▶ 세개의 칼의 칼날 위에 누워 등에 얹어 놓은 큰 돌을 망치로 쳐 깨뜨린다

이렇게 하여 현재, 중국 각지에서 여러가지 기공이 지도되어, 각종 기공 책도 출판되고 있는 것 외에, 과학적인 연구도 진행되게 되었다.

근년에 있어서 성과의 하나가 「주사 마취」를 하지 않는 「기공마취」에 의한 수술의 초보적인 성공이다.

◀신 기공 요법의 곽림(郭林)여사

▼기공 마취 수술. 왼쪽에 서 있는 임후성(林厚省)씨의 오른손 2개의 손끝에서, 옆으로 누워있는 환자의 안면으로 외기(外氣)를 발사하여, 외과 수술을 실시하고 있다

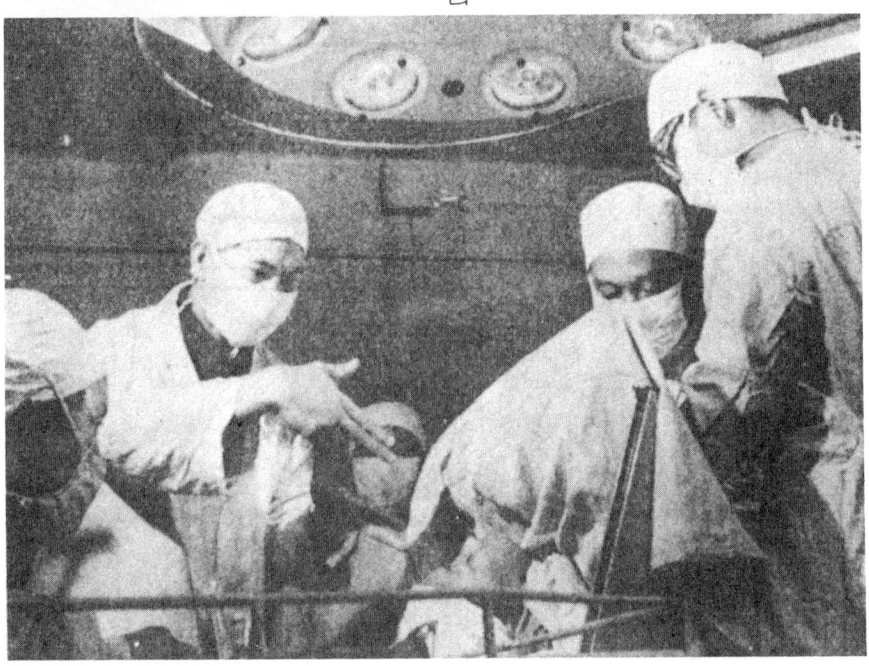

－기공이란 무엇인가.

「기공(氣功)」－중국어로 치쿵」이란 「기(氣)」의 「공부(功夫)」이다.

부루스·리 이래의 공부 영화 붐이 있었기 때문에, 알고 있는 독자도 많으리라 생각하는데, 「공부」의 본래의 의미는 「단련」이다.

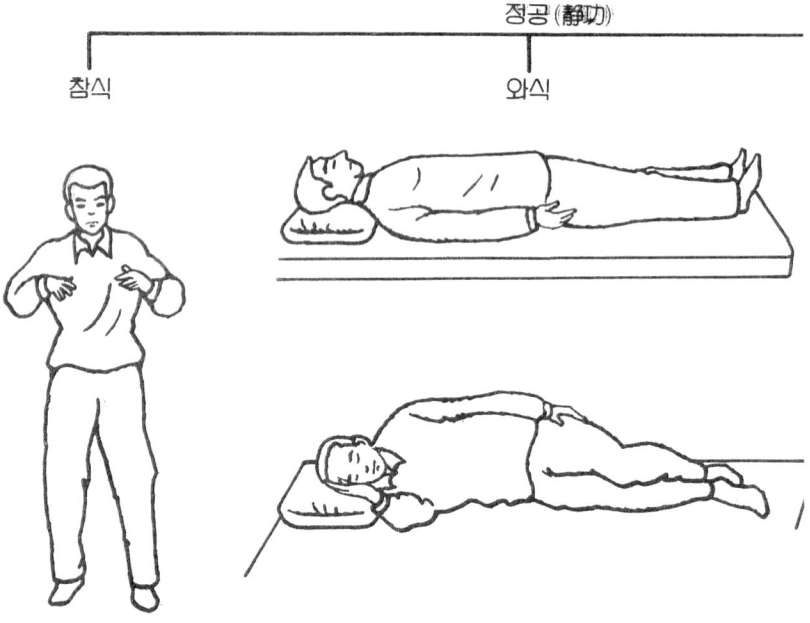

그러면「기」란 무엇인가?「氣」란, 동양 의학 이론에 의하면, 인간이 호흡하는「공기」와 육체 내의「원기(元氣)」를 가르킨다.

「원기」란, 현대 어풍(語風)으로 이해하기 쉽게 말하자면, 인체의 질병에 대한 저항력, 외계 환경에 대한 적응력, 육체의 손상에 대한 수복력(修復力)을 의미한다.

왕성한「원기」는 건강을 증진시키고, 질병을 예방하는 근본 요소이다.

그래서, 한방약의 동양 의학은「원기」의 단련을 중시한다.

즉 기공은, 일종의 호흡 단련이며, 원기의 단련이며, 체질을 증강시키는 단련이다. 기공에는 많은 유파와 방법이 있는데, 몸을 움직이지 않고 실시하는「정공」과 몸을 움직여 실시하는「동공」으로 크게 나뉘어진다.

정공에는 앉아서 실시하는「좌식(坐式)」, 옆으로 누워 실시하는「와식」, 서서 실시하는「참식(站式)」이 있다.

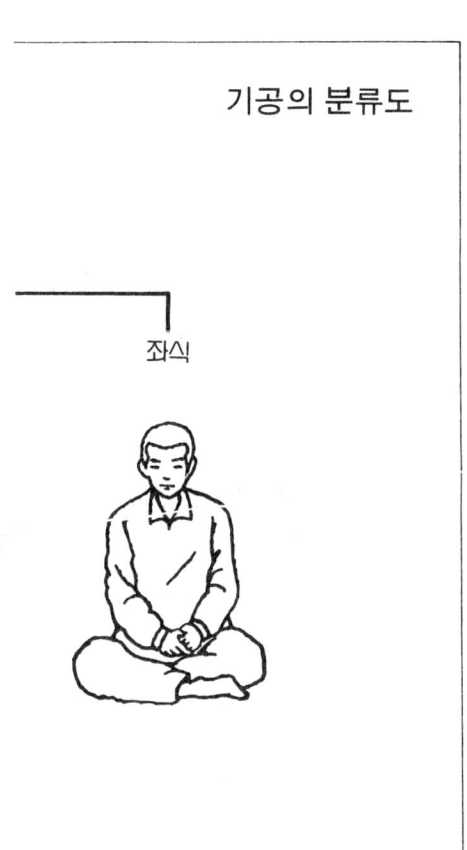

기공의 분류도

좌식

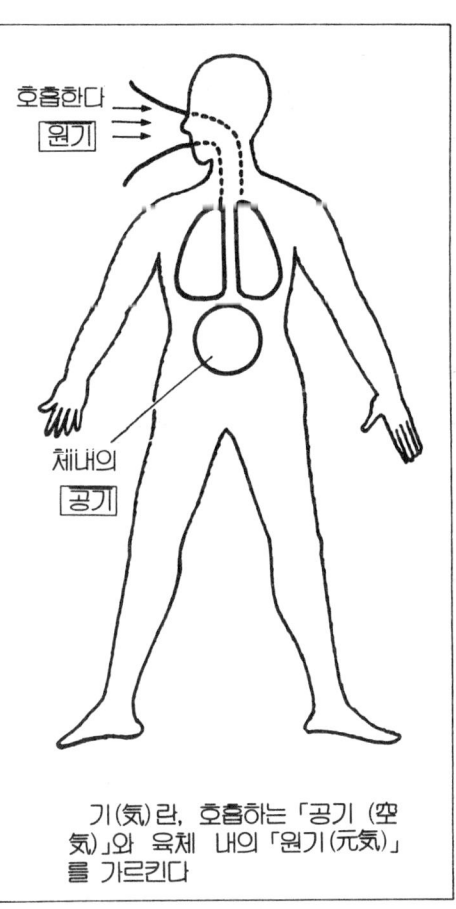

기(気)란, 호흡하는「공기(空気)」와 육체 내의「원기(元気)」를 가르킨다

동공(動功)에는, 선 자세「참식(站式)」의 발의 위치를 움직이지 않고 손과 상반신만을 천천히 움직이는 간단한 것에서, 역근경(易筋経) (달마 대사가 고안했다고 한다＝이것은 전설이며, 사실이 아니라는 것은 이미 증명되어 있다＝근골(筋骨)을 개조하는 방법), 오금희(五禽戱) (삼국 시대의 전설적 명의 화타가 병 예방을 위하여 고안했다. 호랑이, 사슴, 곰, 원숭이, 새등 오종의 동물 동작을 모방한 체조), 8단금(병예방, 건강보지를 위한 8종의 체조 동작을 조합한 것) 등 동작이 조금 복잡하다.

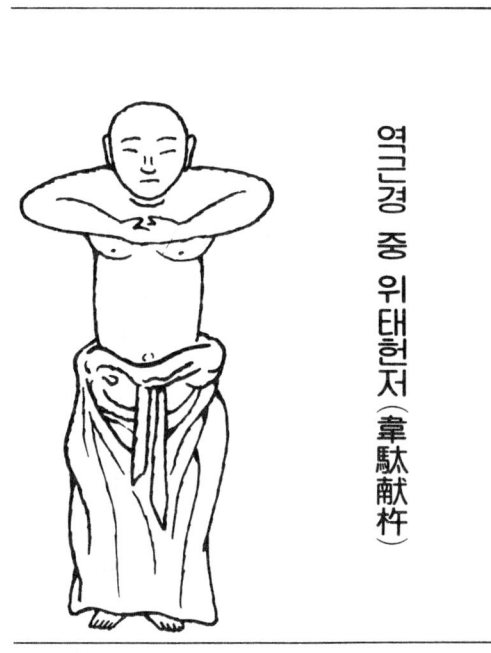

역근경 중 위태헌저(韋駄献杵)

오금희 중 원숭이를 모방한 원희(猿戱)

진가 태극권의 연수굉추(演手肱捶)의 기(技)

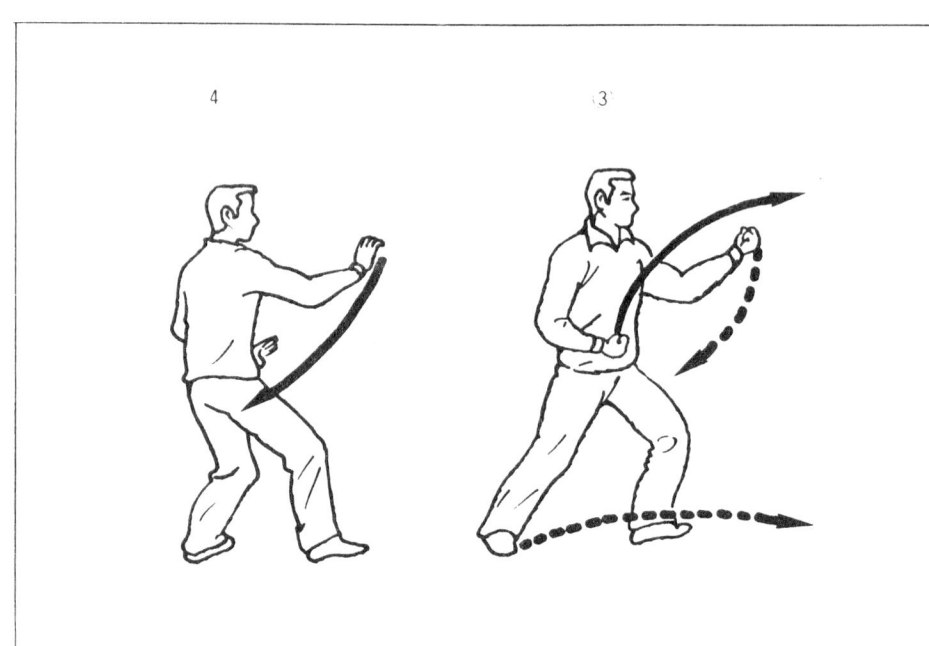

8단금(八段錦) 좌우 개궁(開弓) 사사좃(似射離)

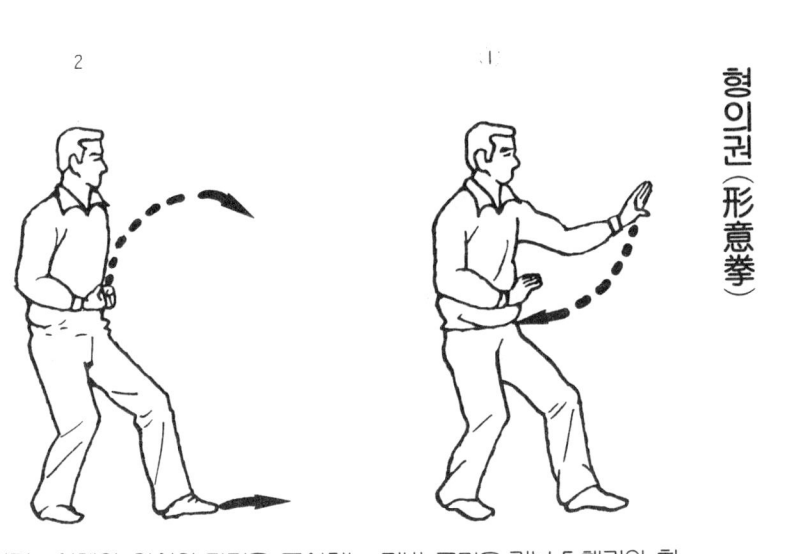

형의권(形意拳)

형의권 : 신체와 의식의 단련을 중시하는 권법. 그림은 기본 5 행권의 하나의 권법. 이 자세를 기본 자세로써 받아들인 기공의 유파도 있다

8괘장 (八卦掌)

용이 노는 때의 변환(変幻) 자재(自在)의 권법. 원주상을 걸으면서 실시한다. 그림은 첫번째 단환장(単換掌)

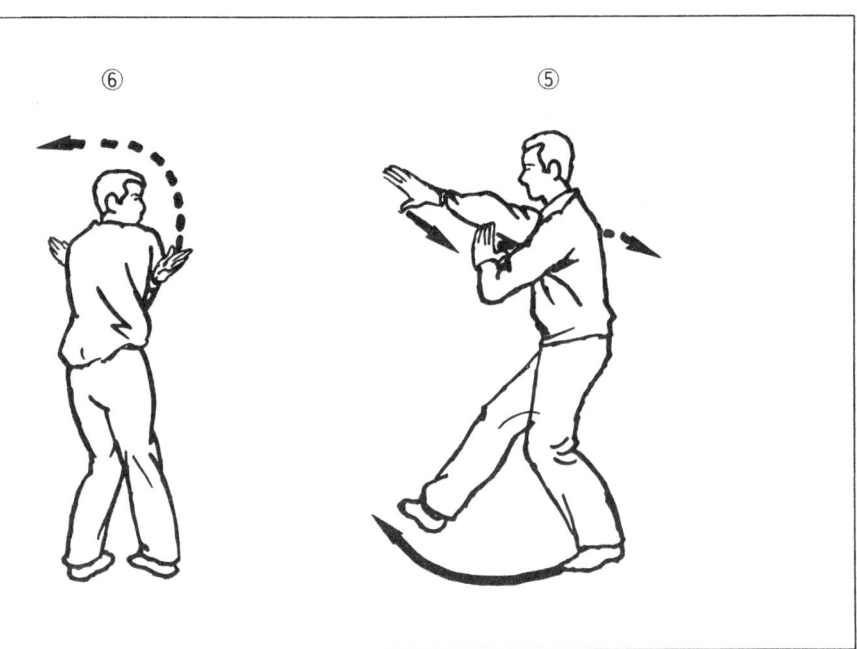

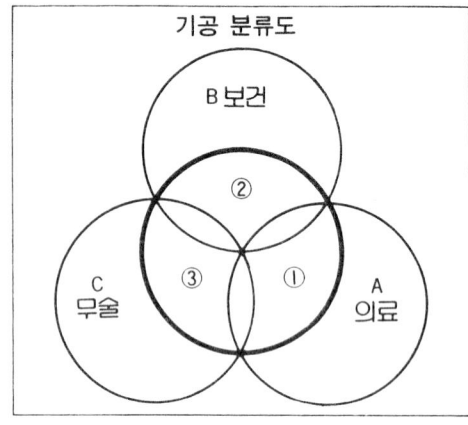

이 책에서 소개하는 유귀준 선생의 「행보공(行步功)」도 이 동공의 부류이다.

앞에서 기술한 곽림여사 고안의 「신 기공 요법」은 동과 정의 양쪽을 겸비한 것으로, 정공과 동공의 중간에 위치한다. 천천히 걸으면서 행하기 때문에 「행공(行功)」이라고도 칭하고 있다.

이상과 같이, 같은 기공이라고 해도 여러 가지 방식이 있으며, 그 중 어느 방식이나 공통되어 있는 것은 다음의 3가지 원칙이다. ① 조신(調身) - 자세를 바로 한다. ② 조식(調息) - 호흡을 바로 한다. ③ 조심(調心) - 정신을 바로 한다

또 기공은 여러 가지 요소를 포함하고 있고, 용도상 다음 3가지로 분류할 수 있다.
① 의료 기공 ② 보건 기공 ③ 무술 기공.

여기에서 그림을 보기 바란다. 중심의 굵은 선의 원이 기공이며, A의 원은 의료, B의 원은 보건, C는 무술을 나타내고 있다.

① 의료 기공(중심 기공원과 A의 의료의 원이 겹친 부분)은, 만성병을 치료하기 위하여 행하는 기공으로, 기공 운기 요법 등이라고도 한다. 기공 요법에는, 자신이 행하는 것과 기공 의사가 발하는 「외기(外氣)」에 의한 치료가 있다.

② 보건 기공(중심 기공의 원과 B의 보건의 원이 겹쳐진 부분)은 일상의 건강, 병 예방을 위해 실시하는 기공이다.

감연을 중심으로 하는 동양 의학에서는, 병이 심해지기 전을 「미병(未病)」이라고 하여, 병을 예방하는 것을 「미병을 다스린다」하여 상당히 중요시하고 있다. 기공, 역근경, 팔단금, 오금희가 가장 그 힘을 발휘하는데, 건강을 위하여 효과가 있는 것은 이 「미병」의 단계이다.

③ 무술 기공(중심 기공의 원과 C의 무술의 원이 겹쳐진 부분)은, 무술 단련의 기본이며, 근력을 강화하고, 기력을 강하게 한다. 주로, 중국 무술의 기본적 자세의 하나인 마보(馬步) 등을 사용한 참용법(站椿法)에 의한다. 또, 철사장공(鉄砂掌功) (손바닥에 의해 공격력을 강화하는 단련), 배타공(排打功) (타격에 대한 신체의 저항력을 강화하기 위하여, 물건으로 신체를 치는 단련) 등의 훈련은, 경공(硬功)이라고 불리운다.

이 외, 무술 기공을 경기공, 그 외의 것을 연기공(軟氣功)으로 하는 분류 방법도 있다. 앞에서 서술했던, 근년, 중국 국내에서 표연되고, 그 기(技)로 사람들을 놀라게 했던 기공은 이 경기공이다.

무술 기공의 여러 가지. 우측은 소림권의 참용법(站樁法)·기마식. 아래쪽은 철사장공

의료(医療)로서의 기공

- 기공은 어째서 병을 치료하는 것인가

　기공은 주로 만성병의 치료에 사용한다. 근년, 중국 각지에 있어서 실적에 의하면, 기공을 응용하는 것에 의해 신경 쇠약(노이로제), 고혈압증, 위·십이지장궤양, 위하수, 습관성 변비 등의 병을 치료하여 확실한 효과를 거두고 있다. 물론, 이들 이외의 만성병 치료에 있어서도 기공을 사용할 수 있다.

　기공 치료의 작용 원리에는, 주로 3가지 면이 있다.

　첫번째는, 원기의 정양. 즉, 적당한 안정에 의해 소모한 원기를 보양하고 몸의 저항력을 점점 증가시키고, 흐트러진 기능을 서서히 정상적인 상태로 회복시키는 것이다.

　생리학적인 실험 데이타에 의하면, 기공의 「입정(入靜)」상태에서는, 대뇌 피질이 내부에 억제된 상태로 되어 있다. 이러한 내부 억제의 과정을 보호하는 것에 의해, 과도로 흥분하고 기능이 흐트러져 있는 대뇌 피질을 본래의 상태로 회복시킬 수 있다. 즉, 병리적으로 흥분하고 있는 부위를 억제 상태로 바꾸어, 건강 회복을 위한 유리한 조건을 만들어 내는 것이다.

　예를 들면, 신경 쇠약(노이로제)이나 궤양병, 고혈압증의 치료에 기공이 효과가 있다고 하는 것은, 이러한 치료 요소와 관계가 있다고 생각된다. 왜냐하면, 이 세가지 종류의 병의 발생과 진전은, 정신적인 요소와 밀접한 관계가 있기 때문이다.

　두번째는, 정력의 함축. 실험 연구에 의하면, 기공을 단련하고 있을 때의 생리적 반응은 「에네르기 함축성 반응」(에네르기를 함축하는 성질이 있는 반응)을 나타낸다. 특히, 몸의 산소 소비량의 감소(기공을 하기 전 보다 30.7% 감소한다)나 에네르기 대사율의 저하(기공을 하기 전 보다 20% 전후 저하한다)가 현저하다.

　이 종의 「에네르기 함축성 반응」은 환자의 체력의 저하를 막고, 정력을 새로이 함축하는 것을 돕는다. 기공이 있는 종(種)의 만성 소모성 질환이나, 일반적인 체질 허약자에 대해 유효한 것은, 이 요소와 관계가 있다고 생각된다.

　세번째는, 복강의 「안마」. 기계적인 호흡 운동의 작용을, 복강 내의 내장 제기관을 「안마」하고 있는 것과 같은 것이다. 기공(바꾸어 말하면 내양공(內養功))의 복식 호흡은, 이러한 안마 작용을 특히 현저하게 일으킨다.

　연습 시, 횡격막의 활동 범위는 평상시보다 3～4배나 증가하며, 복강 내의 내장 제 기관을 리드미컬하게 안마하여, 위장의 움직임을 활발하게 하고, 복강 내 압력을 경감하고, 소화 호흡 기능을 증진시킨다.

 기공의 연습 후, 식욕이 증가하여 식사의 양이 늘고, 체중도 증가한다. 이것은, 이상과 같이 위장을 「안마」하는 작용과 관계가 있다. 기공을 행하는 것에 의하여, 위하수나 습관성 변비를 고칠 수 있는 것도 여기에 그 이유가 있다.

-기공은 어째서 암(癌)을 치료하는가

 근년, 중국 국내의 의료·보건·체육 관계의 잡지에 기공에 관한 기사가 가끔 게재되고 있다. 그들의 기사는, 기공이 건강의 보전과 만성병의 치료에 유효하다고 보고하고, 간단한 기공의 단련법을 소개했던 것이다. 그러나 80년대에 들어오면, 곽림여사의 「신기공 요법」을 비롯하여, 많은 기공사나 연구 관계에 의한 암 치료의 성과를 소개한 기사가 압도적으로 많아진다. 그 하나, 둘을 소개하겠다.

 「모 의학 연구소의 실험실에서, 60세가 넘은 기공 의사가, 한 명의 비인두암 환자의 인당(印堂), 태양(太陽), 백회(百会) 등의 구멍(그림 참조)에 외기를 발사한다. 그 후에, 환자에게 자기 기공 요법을 가르친다. 반년 후에 검사를 했을 때, 비인두의 암은 상당히 호전되어 있었다」

 「근래, 암 환자가 서양·동양 의학 치료와 동시에, 기공사의 지도에 의해 기공을 실시했다. 기공의 단련이 암 환자의 체질, 저항력, 면역 능력을 증가시켜, 암 치료에 경시할 수 없는 효과가 있다는 것이 증명되었다」

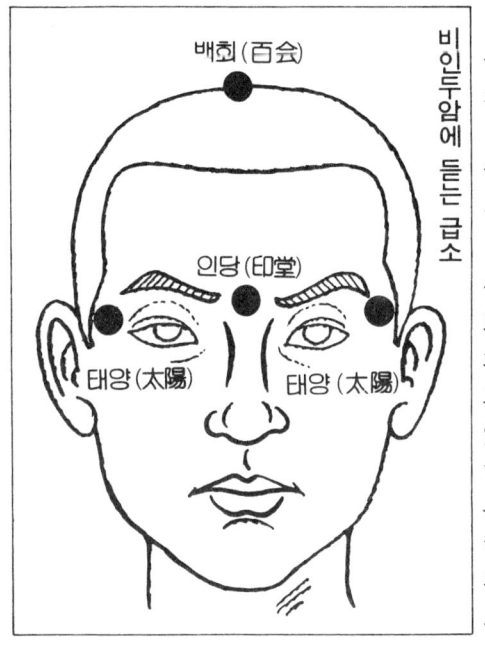

 이와 같은 기사가 많아지게 되었는데, 그러면, 기공은 어째서 암을 치료할 수 있는 것인가.

 암 환자를 치료한 실적을 지닌 중국 기공 연구 제1인자인 유귀진 선생의 해설을 소개해 보겠다.

 「……당연한 일이지만, 기공이 암 세포를 죽이는 것은 아니다. 암 세포를 죽이는 데는 역시 방사선이나 화학 요법에 의하지 않으면 안된다. 그러나, 암 환자는 대개 몸이 약해져 있다. 특히 수술 후의 방사선이나 화학 요법은, 식욕 부진, 구토, 불면을 일으키는 것이 보통으로, 환자의 혈색은 나빠지고, 체중은 줄고, 백혈구나 혈소판의 수가 적어지는 등의 부작용이 있다.

그래서 환자는 약해지고, 저항력도 감소하여 치료를 계속할 수 없게 되어, 마침내는 암과의 싸움에서 진다. 암에 이길 수 없는 주된 원인의 하나는, 여기에 있다.

이점에서, 기공 치료는 이와 같은 제 증상을 호전시킬 수 있다. 기공 요법을 사용한 환자는, 예외없이 식욕이 늘고, 잘 잘 수 있으며, 혈액도 정상이 되어 혈색이 좋아지고, 손발에 힘이 넘치고, 체중도 증가하고, 기력이 왕성해진다. 그렇게 되면, 환자에 대하여 수술, 화학요법, 방사선 요법을 실시하여, 암과 싸워 이긴다고 하는 소기의 효과를 올릴 수 있다.」

또, 이렇게도 해설되고 있다.「기공 요법은 전체적 요법이며, 또 병원 요법도 있다. 기공은 병을 치료할 수 있다. 그것은 동시에, 전신의 신경 중추의 기능을 좋게 하여, 인체 각부의 이상을 바로 하고, 고장난 부분을 치유시키고 있는 것이다.

기공 요법으로, 동시에 각종의 질병을 고칠 수 있고, 또 암에 대해서도 양호한 치료 효과를 가져오는 것은 이 때문이다」(『인민 중국』81년 3월호).

이 해설로써도 알 수 있듯이, 기공은 마치 감염 요법과 같이, 전신의 신경 중추의 기능을 좋아지게 하는 작용을 매개로 하여, 인체 각부의 병원부, 고장부에 작용을 하여 치유시킨다. 동시에, 전신의 혈액 순환을 촉진시키고, 신진 대사를 왕성하게 하고, 전신의 정력을 높이어 병에 대한 저항력을 증강시키기 때문에 암에도 싸워 이길 수 있게 되는 것이다.

- 기공으로 좋아지는 병

기공의 작용으로 보아, 기공으로 좋아지는 병(적응병)의 범위는 넓다. 기공에는 앞에서 서술한 것과 같은 효과가 있기 때문에, 당연, 체질의 개선, 병 예방, 건강 보존의 효과 외에, 거의 만성병에 대해서도 유효하다고 할 수 있다.

그렇다고 해도, 그 중에서도 가장 효과가 있는 병(적응증)은, 저절로 존재한다. 그러한 적응증은 유귀진 선생이 기공 치료를 개시한 후, 8년의 시점에서는 겨우 15종에 지나지 않았었는데, 1966년의 시점에서는 80여종에까지 달했다고 한다. 1981년에 출판된『기공 요법 실천·수정판』에는, 그 중 87종을 수록, 연공법을 자세하게 설명하고 있다.

그 대개의 요점은 다른 항에서 소개할 것이므로, 여기에서는 그 대표적인 것에 대하여만 간단히 집고 넘어 가도록 하겠다.

기공의 적응증으로써, 임상적으로 높은 효과를 기대할 수 있는 것으로써 증명되고 있는 것은, 다음과 같은 질병이다.

소화기 계통 - 위궤양, 십이지장궤양, 위하수, 만성간염, 간경화증 등.

호흡기 계통 - 폐결핵, 기관지 천식 등.

심혈관 계통 - 고혈압증, 관상 동맥 경화성 심장병 등.

신경 계통 - 신경 쇠약 등.

비뇨 생식기 계통 - 양위(陽萎), 조루(早漏), 유정 등.

부인과 계통 – 생리 불순 등.

그 외 골연화증, 만성 구내염 등에도 효과가 있다.

이들 적응증 중, 예를 들면 소화기 계통의 병에서는 십이지장 궤양의 치료 효과가 가장 좋고, 위궤양이 그 다음, 그 다음에 간경화에 있어서는, 조금 느리기는 하지만 치료 효과가 좋아지고, 적어도, 증상의 진행을 경감, 또는 중지시킬 수 있다고 임상적으로 증명되고 있다.

폐결핵, 고혈압증, 당뇨병의 치료 효과도 비교적 현저하다.

또 하나 주목해야 할 것은, 앞에서 서술했듯이, 각종의 암에 대하여 기공 요법이 공을 올리고 있다고 하는 것이다.

이와 같이, 기공은 여러가지 병 치료에 효과가 있지만, 기공의 단련을 해서는 안 되는 병(금기증)이 있으므로 충분히 주의하기 바란다. 그것은 다음과 같은 것이다.

① 위궤양이 이미 위천공(胃穿孔)이 되어 있을 때.
② 대 수술을 했을 때.
③ 안저(眼底) 출혈이 있을 때.
④ 기관지염이 중할 때.
⑤ 일찌기 심할 토혈을 한 일이 있을 때.
⑥ 큰 병 후에 호흡이 절박하고, 맥이 약할 때.
⑦ 여성으로, 산후 허약이 되었을 때.
⑧ 정신 이상.
⑨ 일체의 급성병.

– 기공의 극의(極意) 「입정(入靜)」 현상

기공 연습 목표의 하나에 '입정(入靜)'이라고 하는 상태가 되는 것을 들 수 있다. 이 「입정」은 기공의 연습을 실시하여, 고도의 단계에 도달할 수 있느냐, 어떠냐의 중요한 관문이라고 간주되고 있다.

「정신이 완전히 안정되고, 조용한 상태」

「잡념이 상대적으로 감소하고, 정신이 서서히 집중되는 것인데, 사유 활동을 정지하는 것은 아니다.」

「기공의 연습을 하는 것은 정신을 집중시키고 잡념을 제거하여, 광선, 음성을 비롯한 외부의 자극을 그다지 받지않는 것으로, 때에 따라서는, 사지의 관절 위치의 감각이나, 중량감이 없어져 버리는 일도 있다.」

이 외 「입정」 때에는, 머리가 돌과 같이 무겁고, 어깨를 누르는 것과 같이 되고, 몸이 자연스럽게 흔들리기도 하고, 근육이 실룩실룩 움직이기도 하고, 하부 (아랫배)가 따뜻해져 오기도 하고, 몸안에 열기가 흐르는 듯한 느낌이 들기도 하고, 피부가 간지럽기도 하고, 머리 속에 환상이 떠오르기도 한다고 한다.

이들 현상은 모두, 연습의 본물(本物)이 된 증거이며, 치료, 보건에 좋은 작용이

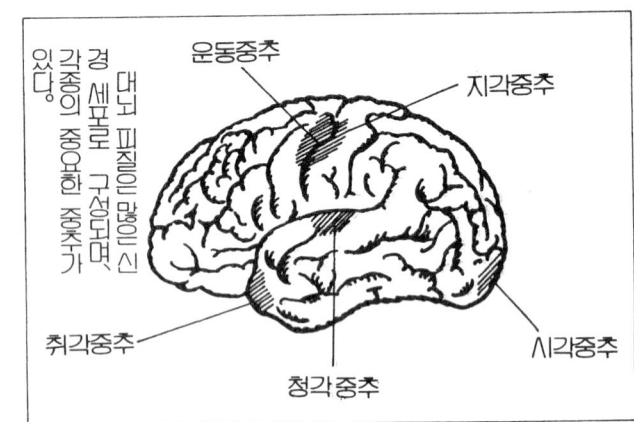

대뇌 피질은 많은 신경 세포로 구성되며, 각종의 중요한 중추가 있다.

운동중추 / 지각중추 / 취각중추 / 청각중추 / 시각중추

있기 때문에, 결코 무리하게 피하려 하지 않는 것이 좋다. 걱정하지 말고, 그대로 계속하면 된다.

이「입정」의 상태를 생리학적으로 뇌파를 관찰해 보면, α파가 증대하고 θ파가 출현한다. α파는, 뇌의 움직임이 안정으로 향할 때의 뇌파이며, θ파는, 수면의 초기에 특징적으로 나타나는 뇌파이다. 즉「입정」의 상태가 되면, 깨어 있으면서 뇌는 잠자고 있는 것과 같이 안정된 상태로 되어 가는 것이다.

또, 뇌파의 관찰에 의해,「입정」때의 대뇌 피질의 상태가 억제 상태로 되어 있는 것도 판명되어 있다. 이 억제 상태의 보호 작용이, 과도의 흥분에 의해 흐트러져 있는 대뇌 피질의 기능을 수정하고, 건강 회복에 유효한 조건을 만들어 내는 것은 앞에서 서술했던 그대로이다.

이 기공의 관문이라고 할 수 있는「입정」에 이르는 것은, 초보자에게 있어서는 매우 어려운 것이다. 그것을 돌파하는 방법으로써, 이하의 3가지 방법이 전해지고 있다.

① 예비 운동을 한다 – 구체적으로는, 두부(頭部)를 맛사지하기도 하고, 상·하의 이를 맞 부딪치기도 하고, 손가락을 굴신시키기도 한다.

② 수식법, 청식법 – 예를 들면, 내쉬는 숨을 1회, 2회……라고 세어 10까지 세었으면, 또 1부터 센다. 거기에 호흡에 희미한 음을 동반시켜 귀로 듣는 것도 좋다.

③ 의수법(意守法) – 주의력을 하나로 집중한다. 대상은, 유쾌한 것으로도, 아름다운 풍경으로도, 무엇이라도 좋다. 또는 아랫배, 심장, 발바닥 등에 집중해도 좋다.

「입정」으로의 도달법에 대해서는, 뒷장에서 상세히 서술한다.

제 1 장

기공(気功)은 이렇게 연공(練功)한다

기공을 능숙하게
하기 위해서는

－기공 연공(氣功練功)의 네 가지 요령

　기공의 단련을 능숙하게 하기 위해서는, 일반적으로 다음의 네가지 원칙을 지켜야 한다.

　① 자연스럽게 릴렉스하고, 안정한다

　기공을 연습할 때는, 심신(신체와 정신)을 모두 릴렉스시키지 않으면 안되는데, 우선 최초로 신체를 릴렉스시킨다.

　벨트나 띠는 느슨하게 하고, 의복도 편하게 한다. 어깨는 솟게 하지 않는다. 배를 불룩하게 하지 않는다. 자세를 무리한 힘으로 유지하려 하지 않는다. 연습시, 만일 신체를 버티거나, 힘을 넣은 곳이 있으면, 조정하여 자연스러운 감이 들도록 하지 않으면 안된다. 즉, 근육(특히 그 아랫배 부분)을 릴렉스시켜 둘 필요가 있는 것이다.

　다음으로 정신을 릴렉스시켜, 기분을 즐겁게 안정시킨다. 연습시, 전 정신을 하나로 집중시키는 것이 필요하며, 마음 속에 동요가 있어서는 안된다.

　초보적으로 릴렉스한 다음은, 호흡을 조정하는 것에 주의한다. 왕왕, 호흡의 단계에서 심신이 릴렉스된 것을 체험할 수 있다.

　안정되게 한다는 것은, 기공을 연습할 때에, 마음과 의식을, 기공을 연습한다고 하는 그 일에 모두 집중하고, 마음의 기복을 감소시키는 것이다.

　외계의 자극(음성, 광선 등)에 감수성이 약해지고, 어떤 때는 손발, 신체의 무게의 감각이 소실되어 안정 상태로 들어가는 경우가 있다. 이것을 「입정」이라고 부른다는 것은 앞에서 서술한 대로이다.

　다만, 초심자의 경우, 때때로 잡념이 떠오르는 경우가 많다. 이러한 때는 「병에 대하여 견고한 투쟁의 의지를 갖지 않으면 안된다. 초조해서는 안된다」라고 묵상(黙想) 한다.

　그러면, 왕왕, 비교적 빨리 「입정」의 경지에 달할 수 있다. 장기로, 일찌기 견고한 연습만 한다면, 느리더라도 확실하게 진보하는 것이다.

　② 의(意)와 기(氣)를 합일(合一) 시킨다

　연의(의식과 정신의 콘트롤)와 연기(호흡의 콘트롤)를 결합시키지 않으면 안된다.

기(호흡)는 의식으로 이끈다. 즉, 생각을 조금이라도 호흡을 하는데 기울여, 의식을 갖고 호흡의 리듬, 장단, 거칠고 부드러움, 빠르고 느리기를 조정한다. 그리고, 호흡을 이끌고, 또는 호흡을 따라 가도록 하는 것이다.

연의(練意) 단련의 요점은 「정(靜)」이라고 하는 글자이며, 연기의 요점은 「세(細), 심(深), 장(長), 만(慢), 은(穩), 유(悠), 균(匀)」의 일곱 개의 글자이다.

강장공(强壯功), 방송공(放鬆功)의 단련은 연의(練意)를 중시하고, 내양공(內養功)은 연기(練氣)를 중시한다. 그러나, 각종의 기공은 모두, 의식과 호흡을 단련하여 결합하지 않으면 안된다 라고 강조되고 있다.

③ 동(動)과 정(靜)을 결합(結合)시킨다.

기공은, 어느쪽인가 하면, 정(靜) 중에 동(動)이 있는 작용이며, 안정 쪽으로 향하고 있어, 필요한 운동성을 덜 갖추고 있다. 따라서, 건강한 사람은 물론이고, 대다수의 환자도, 기공의 연습 이외에 그와 다른 보건·의료 운동을 실시할 필요가 있다. 이렇게 해야만 비로소 참다운 「동정 결합」이 가능하게 되며, 전면적인 건강 보존, 질병 예방, 질병 치료의 효과를 거둘 수가 있는 것이다.

일반적으로, 각종의 운동은 기공의 연습 뒤에 실시한다. 이것을 「선정(先靜) 후동(後動)」이라고 한다. 기공의 연습을 끝낸 다음, 우선 보건 안마(맛사지)를 실시하고, 거기에 태극권, 팔괘장 등의 무술 운동, 또는, 라디오 체조 등을 실시하면 좋다. 또, 신경통 그 외의 감염의 적응증의 경우는, 감연을 보조 요법으로 하면, 보다 효과가 있다.

④ 순차 점진(順次漸進) 한다.

기공은 일종의 단련이다. 단련이란, 점점 연습을 쌓아가 드디어 숙달의 경지에 도달하는 것이다. 서둘러서 성취를 바란다고 해서 되는 것은 아니다.

순서를 밟아, 서서히 진보해 나가지 않으면 안된다. 자세, 호흡 방법 모두 용이한 것에서 어려운 것으로, 나아가 「입정」의 방법도 점점 진보하여 깊은 경지로 이르는 것이다. 연습 시간도 마찬가지로, 진보함에 따라 연장시켜 간다.

어쨌든, 순서에 따라서, 점차 진보한다고 하는 것을 잊어서는 안된다.

－어디서 연습하는가

연습은, 일반적으로는 실내에서 실시한다. 주위의 환경이 비교적 조용하고, 공기의 흐름이 좋고, 그리고 맑고, 조명은 어두운 편이 좋다.

주의해야 할 것은 좌식이나 와식 등의 정공(靜功)을 실시하는 경우, 직접 바람에 맞지 않도록 하는 것이다. 정공(靜功)을 연습하면, 전신 온열감(溫熱感)이 생겨 땀을 흘리는 경우가 많아, 직접 바람을 맞으면 감기에 걸리기 때문이다. 또 추울 때는 한기나, 냉기를 막기 위하여 보온에 주의해야 한다. 와식을 실시할 때는 가벼운 이불을 덮고, 좌식을 실시할 때는 모포로 무릎 위를 덮는다.

만일, 적당한 실내 환경이 없이, 날씨가 좋을 때는 옥외의 조용한 풀밭이나 수목이 있는 곳에서 실시해도 좋다.

동공(動功)은, 대부분 아침 일찍 실외에서 연습한다. 공기가 맑고 수목이 우거진 곳이나 공원을 선택한다. 집단으로 연공(練功)을 해도, 혼자서 연공(練功)해도 좋다.

-언제 연습하는가

기공의 연습은, 언제, 어느 정도 시간 동안 실시하면 좋은가를 의료·보건·무술 기공으로 나누어 설명해 보면──

의료 기공== 병을 요양하고 있을 때의 연습은, 입원 중 또는 자택 요양 중의 경우는 매일 3~4회, 매회 평균 30분 정도 실시하면 좋다. 일을 하면서 요양하고 있을 경우는, 매일 1~2회, 매회 약 30분 간.

보건 기공== 매일 1회, 또는 격일 1회, 또는 매주 1~2회, 매회 30~45분 정도.

무술 기공== 매일 1~2회 아침 저녁으로, 매회 30~45분 간. 연공 시간은, 최초의 얼마 동안은 조금 짧게 하고, 1회에는 15~20분 간, 이후 서서히 길게 조정하여 30분 간, 최후에 45분 간.

연공 시간이 너무 짧으면, 입정과 조식(調息)에 불리하고, 효과도 조금밖에 올릴 수 없다. 그렇다고 해서 너무 길면 그것도 좋지 않아, 불량 반응이 나타나기 쉽다. 즉, 매회의 연공에 있어서는, 구체적 상황을 잘 파악하여, 결코 무리를 해서는 안된다.

시각적(時刻的)으로는, 하루 중에서 정신 상태가 비교적 양호하고, 주위 환경이 비교적 안정되고, 기분이 비교적 느긋해 있을 때를 선택한다. 예를 들면, 아침 일찍 일어난 후, 또는 밤에 취침하기 전 등이다.

이러한 때에는 비교적 용이하게 입정할 수 있고 효과도 기대할 만하다.

아침 일찍 일어난 후, 밤 취침 전이 연공에 적당한 때이다.

-연습해서는 안되는 때

반대로, 절대로 연공을 해서는 안되는 때가 있다.

공복시, 만복시 = 공복시(空腹時)에 연습하면, 위장의 움직임이 강해져서 보다 한층 공복감을 느끼게 된다. 만복시(滿腹時)에 연습하면, 위의 부분이 부풀어 있기 때문에 호흡에 방해를 받는다.

피로시 = 너무 피곤해 있을 때에 연습을 하면, 졸음이 오기 쉽다. 단, 가벼운 피로가 있을 때는, 정신의 회복을 돕는 효과가 있기 때문에 방송공(放鬆功) 또는 강장공(强壯功)을 연습해도 좋다. 이 때의 연습 시간은 조금 짧게 한다.

안절부절, 초조해 있을 때 = 일의 개시 시간에 맞추려고 초조해 있거나, 마음이 침착하지 못하여 기분이 좋지 않을 때는 연습해서는 안된다. 그러한 때는, 항상 만족할 만한 연습을 할 수 없기 때문이다.

다만, 만일 시간에 여유가 있으면서 기분만이 조금 긴장해 있을 경우에는, 방송

공을 연습하면 좋다. 기분을 진정시키고, 안정시키는 데에 도움이 된다.

이 외, 발열시, 설사를 하고 있을 때, 심한 감기에 걸렸을 때는 한동안 연습을 쉬도록 한다.

또, 여성은 생리 중에 연습을 해도 지장은 없지만, 힘이 없는 연습이 된다. 다만, 정신을 집중시키는 것은 하복부의 기해 단전(氣海丹田)이 아닌, 흉부 유두를 잇는 선의 한가운데에 해당하는 단중(膻中)으로 한다.

생리가 심한 경우는, 반드시 쉬는 것이 좋다.

-연공 중의 일반적 주의

연공 전에는 다음과 같은 점에 주의한다.

연공의 20분 전에는, 달리거나, 뛰거나, 넘거나 하는 격렬한 난동은 금할 것. 또 장기나 트럼프를 하거나, 책을 읽거나, 쓰거나 하는 머리를 쓰는 활동도 하지 말 것.

걱정스러운 일을 잊고, 마음을 유쾌하게 할 것. 만일 불쾌한 일이 있으면, 가능한 한 자신을 타일러 기분을 안정시키도록 한다. 걱정스러운 일로부터 탈피할 수 없을 때는 잠시 연공을 그만 두고, 외출하여 천천히 산보하고 기분을 바꾸도록 할 것. 무리하게 연공해서는 안된다.

의복은 느슨한 것을 몸에 걸치고 벨트를 푼다. 그리고, 전신 근육을 릴렉스 시키고 호흡과 혈행의 움직임을 좋게 한다.

용변을 보고 연공의 준비를 할 것.

연공 중에는 다음과 같은 것에 주의한다.

연공 20분 전까지는 체조(体調)를 정비한다.

연공 중에 호흡이 짧아진다. 즉 초조해져 불안하게 되면, 대부분은 호흡 방법이 부적당하거나, 자세가 부정확하다거나, 기분이 불쾌하여 연공에 집중할 수 없게 된다. 이럴 때는 그 원인을 찾아 내어 수정할 것.

연공 중, 또는 연공 후에, 두통, 머리가 무거운 증상, 빙글빙글 현기증이 있는 등의 증상이 나타나는 것은, 대부분 호흡에 힘이 들어갔거나 공(功)을 서둘러서, 또 마음이 안정되어 있지 않기 때문이다. 이것도 원인을 찾아 수정하도록 한다.

연공 후에도 주의해야 할 것이 있다.

정공(靜功)의 연습이 끝났어도, 서둘러 일어나서는 안된다. 우선, 살짝 눈을 뜨고, 양손으로 머리를 만지고, 양눈을 가볍게 비비고, 후두부를 살짝 문지르고 두면부(頭面部)의 보건공을 몇 가지 실시하고, 그다음, 서서히 일어난다. 또, 조금 손발을 움직이면서 다른 동작으로 옮기도록 한다.

방송공(放鬆功)의 연공

－방송공(放鬆功)의 효과(效果)

「방송」이란 「느슨하게 한다. 릴렉스 시킨다」라고 하는 의미이다. 즉, 「방송공」이란 「릴렉스 단련법」－전신을 릴렉스 시키는 기공법이며, 숙련 되면, 전신만이 아닌 마음도 릴렉스 된다.

이 방송공은 각종 기공 중에서도, 비교적 간단하며, 단련도 쉽다. 각종 기공 요법의 기초이며, 각파의 기공 요법의 예방공(예비 연습)이라 하는 것은 그 때문이다.

예를 들면, 상해 기공 요양소에서는, 방송공을 기공 요법의 입문 과정으로 하고 있다. 라고 하는 것은, 우선 각 관절을 「릴렉스 시킨다」라고 하는 방법을 취하기 때문에, 다른 기공을 단련하면서 일어나기 쉬운, 자신의 의사와는 관계 없는 각종의 이상 반응을 피할 수 있기 때문이다.

방송공은 피로를 푸는데 효과가 높다. 그 때문에, 건강 보존, 질병 예방에도 좋은 효과를 가져온다. 또, 고혈압증, 신경 쇠약, 위장병, 불면증, 소화 불량, 변비, 그 외의 일반적인 만성병의 치료에도 효과가 있다.

－방송공의 연공법

방송공의 연공은, 다음과 같은 원칙으로 나눌 수 있다.

[1] 조신(調身) － 자세를 정비한다.
[2] 조식(調息) － 호흡을 정비한다.
[3] 의수(意守) (릴렉스) － 심신을 릴렉스 시키고, 정신을 집중한다.

[1] 조신(調身)

① 자세는 앙와((仰臥) 하여 머리쪽을 높게 하고, 등에 무엇인가를 대고, 발쪽을 낮게한 「장식(狀式)」이라고 부르는 방법을 사용한다.

② 너무 부드럽지 않은 베드(이불) 위에 24센치 정도 높이의 벼개를 둔다. 어깨·등 아래에도 헝겊류를 대고, 어깨·등이 엉거주춤한 상태가 되지 않도록 한다.

③ 베드의 위애 앙와(仰臥) 한다. 턱을 가볍게 당기고 동체는 똑바로 편다. 양발은 자연스럽게 천천히 편다. 양팔은 손의 손가락을 자연스럽게 벌리고, 손바닥을 아래 또는 안쪽으로 향하고, 양다리는 살짝 자연스럽게 편다(그림 1).

어깨, 등이 엉거주춤하지 않게 무엇인가를 받쳐 조정하여 둔다.

④ 양눈을 감는다.

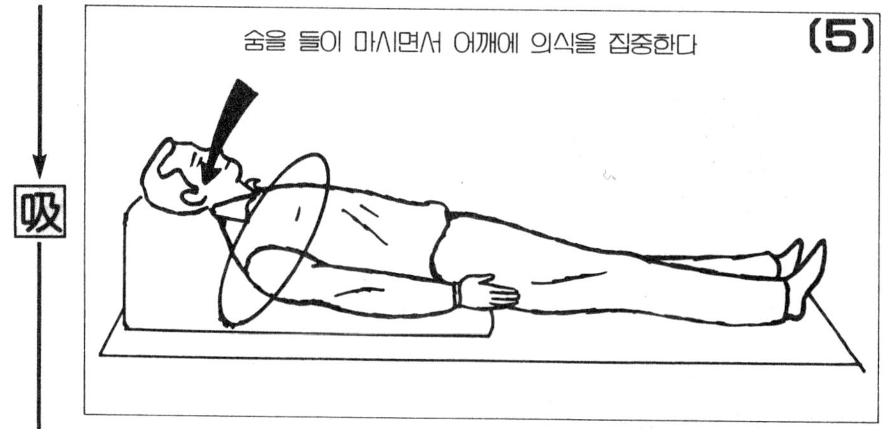

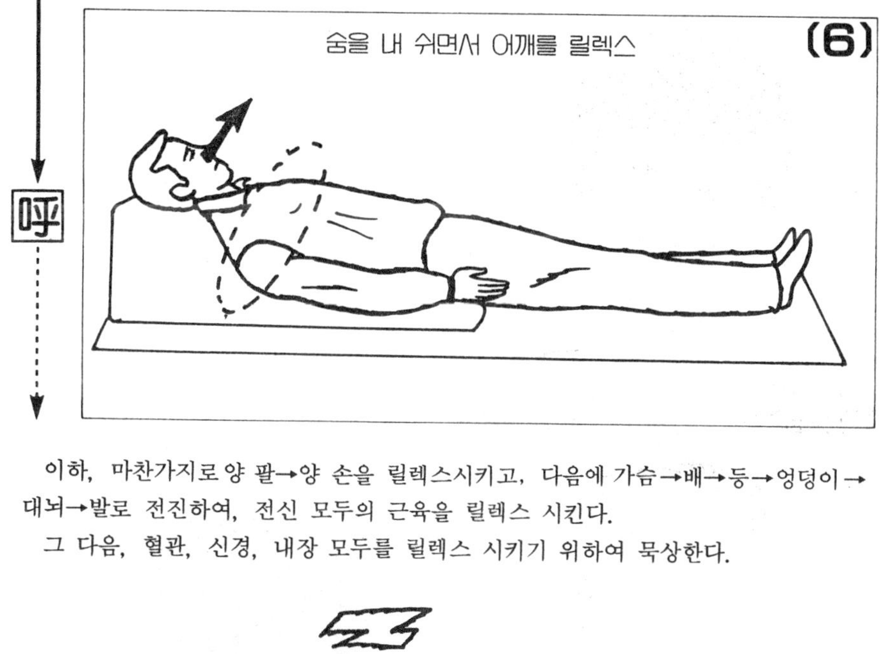

吸 →

(5) 숨을 들이 마시면서 어깨에 의식을 집중한다

呼 →

(6) 숨을 내 쉬면서 어깨를 릴렉스

이하, 마찬가지로 양 팔→양 손을 릴렉스시키고, 다음에 가슴→배→등→엉덩이→대뇌→발로 전진하여, 전신 모두의 근육을 릴렉스 시킨다.

그 다음, 혈관, 신경, 내장 모두를 릴렉스 시키기 위하여 묵상한다.

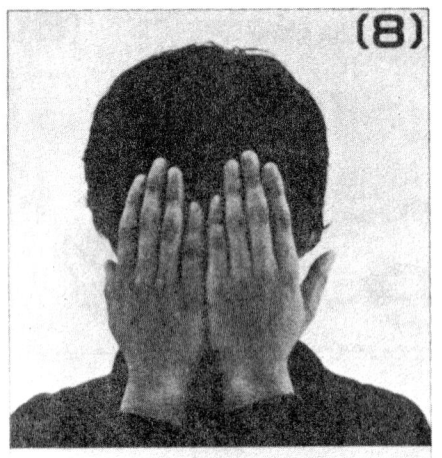

수공동작

연공 후, 서둘러 일어나서는 안된다. 이하의 수공(收功) 동작을 실시한다.

① 살짝 눈을 뜬다(사진 7).

② 양 손으로 얼굴을 잘 문지른다. 뒤에 나오는 보건공의 찰면(擦面)도 좋다 (사진 8).

③ 눈을 감고, 양손으로 양눈을 문지른다. 보건공의 목공(目功)도 좋다 (사진 9).

④ 후두부, 후경부를 양손으로 잘 주무른다. 보건공의 항공(項功)도 좋다 (사진 10).

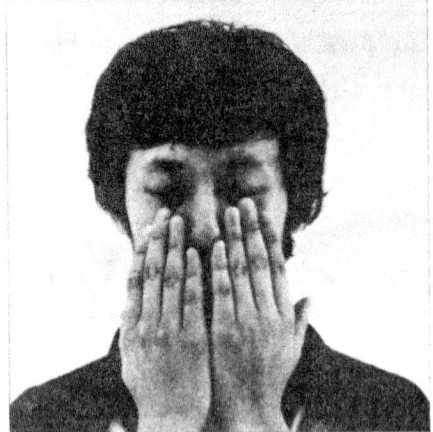

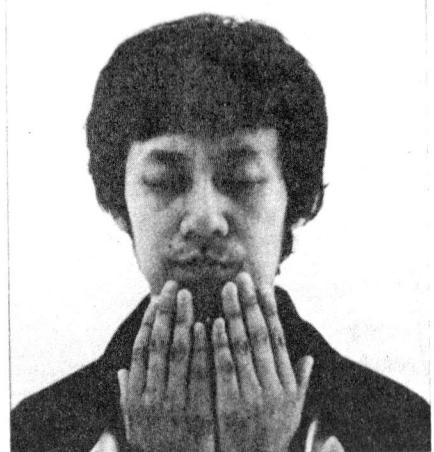

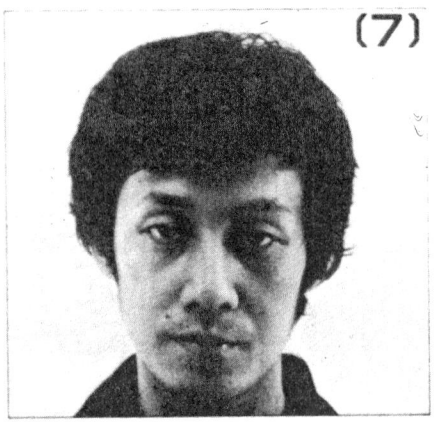

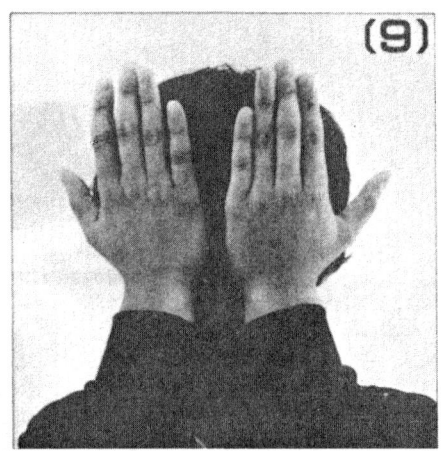

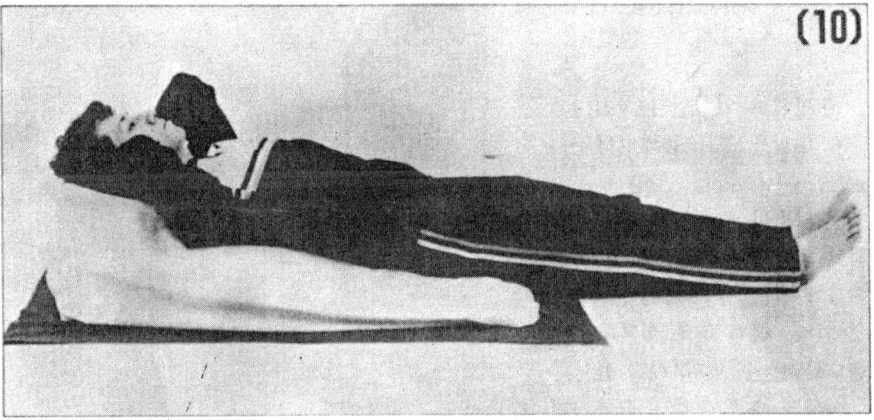

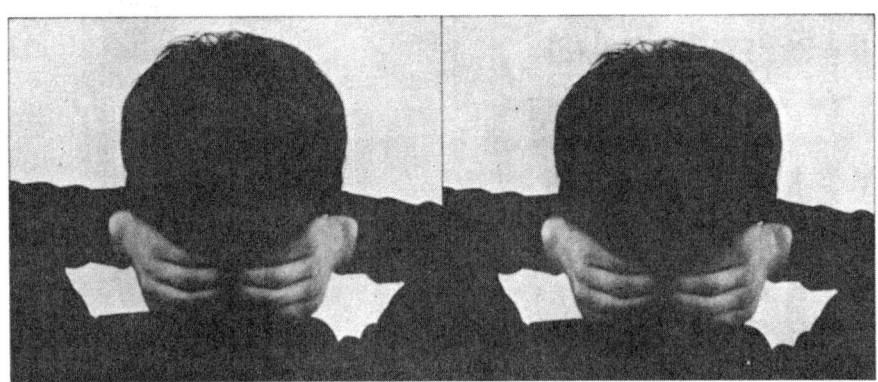

(10)의 확대도

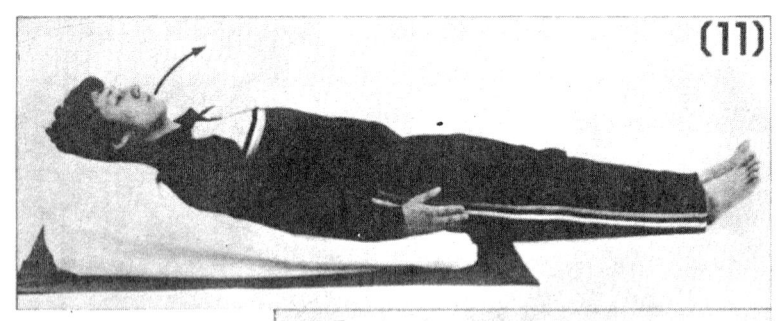

⑤ 천천히 일어난다(사진 11).
⑥ 양발을 조금 움직인다(사진 12).
⑦ 양발의 뒤꿈치를 올려 '탕' 하고 내리는 동작을 수 회에서 수십 회에 걸쳐 반복한다. 이것에 의해, 신체 하부 혈액의 정체를 해제할 수 있다(사진 12).

이상의 수공 동작을 끝마치면, 실내에서 활동해도 좋고 외출해도 지장 없다.

- 연공의 횟수와 시간

병의 상태와 체력에 따라 결정된다.

병원에 입원 중이거나 가정에서 요양 중인 경우는, 일반적으로 매일 3~4회, 매회 30분간.

가정에서 반 휴가를 취하고 있거나 노동하면서 요양하고 있는 경우는, 매일 1~2회, 매회 30분간.

기공의 요정(療程 : 치료를 위한 프로그램)에는 일정의 기준이 없다. 일반적으로는, 2~3개월 이상의 장기 단련을 시작하여야 효과가 나타난다고 생각하고 연공을 쌓도록 하는 것이 바람직하다.

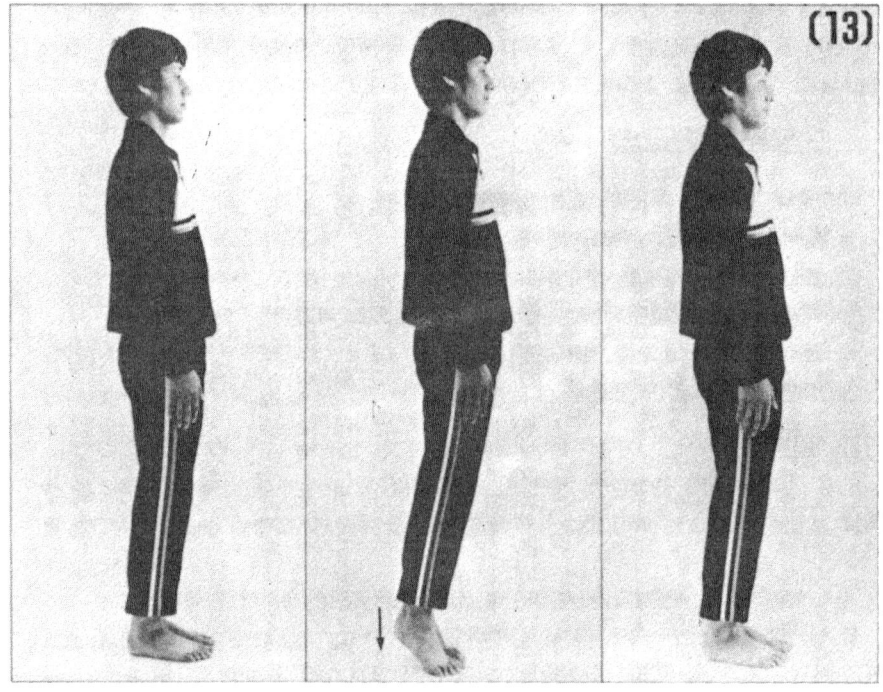

내양공(內養功)의 연공

－내양공의 효과

내양공은, 몸을 움직이지 않고 실시하는 정공(靜功) 중의 중요한 하나이다. 이 공법(功法)은 역사상, 대대로 단 한 명에게만 구전(口伝)되고 전수되어 계승되어졌던 것이다. 그것을 1947년, 유귀진 선생이 이유화(李維華), 장유천(張幼天) 동지의 협력을 바탕으로, 황화 성위현(省威縣)의 유도주(劉渡舟) 노(老) 선생으로부터 전수받아 정리하여, 임상적으로 확실한, 정확한 치료 효과가 있었기 때문에, 각지에 널리 폈다.

내양공은 「묵념자구(黙念字句 : 언어를 묵통한다)」, 「호흡 정돈(呼吸停頓 : 호흡을 잠시 정지한다)」, 「설체기락(舌体起落 : 혀를 아래 위로 움직인다)」, 「기침 단전(氣沈丹田 : 기를 단전으로 침체시킨다)」 등의 동작을 강조하고, 대뇌를 정화하고, 내장을 움직인다고 하는 단련의 특징을 갖고 있다.

내장을 튼튼히 하는 공법이기 때문에, 위궤양, 십이지장궤양, 위하수, 간염, 습관성 변비 등의 소화기 계통이나, 호흡기 계통의 병 예방, 치료에 현저한 효과가 있다. 또, 체질 강화, 건강 장수에도 상당히 효과가 있다.

－내양공의 연공법

내양공의 연공은, 다음과 같은 원칙에 의해 나뉜다.
1 릴렉스 － 심신을 릴렉스시킨다.
2 조신(調身) －자세를 정비한다.
3 묵념자구법(黙念字句法) －문구를 마음 속으로 외친다.
4 조식(調息) － 호흡을 정비한다.
5 의수법(意守法) － 정신을 집중한다.

1 릴렉스

연공 전의 준비가 충분한가 어떤가, 연공 과정 중의 정신과 신체가 릴렉스한 상태로 보전되어 있는지 어떤지는 능숙하게 연공을 이끌기 위하여 중요한 열쇠가 된다.

릴렉스된 상태는, 신체면과 의식면의 2가지로 나누어 생각하면 좋다.

신체면의 릴렉스＝ 연공 전에 적량의 물을 마시고, 대소변을 본다. 모자를 쓰고 있는 사람은 그것을 벗고, 안경을 쓰고 있는 사람은 그것을 뺀다. 옷의 단추는 풀고, 벨트, 혁대, 시계의 밴드는 느슨하게 하고, 두부(頭部), 동체(胴体), 손, 발, 전신의 근육을 모두 완전하게, 의식적으로 릴렉스 시킨다.
　외관으로 보아도 릴렉스되어 안정된 상태로 있어야 한다.
　의식면의 릴렉스＝전신 각부의 근육을 릴렉스시킨 후, 의식 속에서 연공을 준비한다고 하는 사인을 내고, 릴렉스된 기분이 되면, 천천히 연공을 시작한다. 릴렉스를 시키기 위해서는, 전에 서술한 방송공을 적당한 시간 동안 실시해도 좋다.

2 조신 (調身)

　자세로는 측와식(側臥式), 앙와식(仰臥式), 좌식(坐式), 장식(壯式)의 4가지가 있다.
　측와식(側臥式)＝베드(침상) 위에 측와(옆으로 눕는다) 하고, 머리는 조금 앞으로 숙인다. 머리의 높이는 벼개로 조절한다. 머리와 목은 좌, 우로 치우치게 하지 말고, 조금 높은 위치가 되도록 하고 머리는 조금 낮게 한다.
　척추는 조금 뒤로 휘게, 가슴의 근육을 늘여 느슨하게 하여 조금 오목하게 하고, 등의 근육을 좌, 우로 당겨 편 「함흉발배(含胸拔背)」의 자세가 되도록 한다.
　사지의 체위는, 오른쪽 몸쪽을 아래쪽으로 한 「우측와식(右側臥式)」의 경우, 오른쪽 상지(上肢)는 자연스럽게 구부리고, 다섯 손가락을 펴 벌리고, 손바닥을 위로 향하여 머리 앞쪽의 벼개 위에 6센치 정도 떨어뜨려 둔다. 왼쪽 상지(上肢)는 자연스럽게 펴고, 다섯 손가락을 느슨하게 벌려, 손바닥을 아래로 하여, 같은 쪽의 요골(腰骨) 위에 둔다.
　오른쪽 하지(下肢)는 자연스럽게 편다. 왼쪽 하지(下肢)는 무릎 관절을 약 12도 각도로 구부리고, 그 무릎을 오른쪽 하지의 무릎 위에 가볍게 얹는다.
　「좌측와식(左側臥式)」의 경우는, 사지(四肢)의 체위가 이것과 좌, 우 반대가 된다.

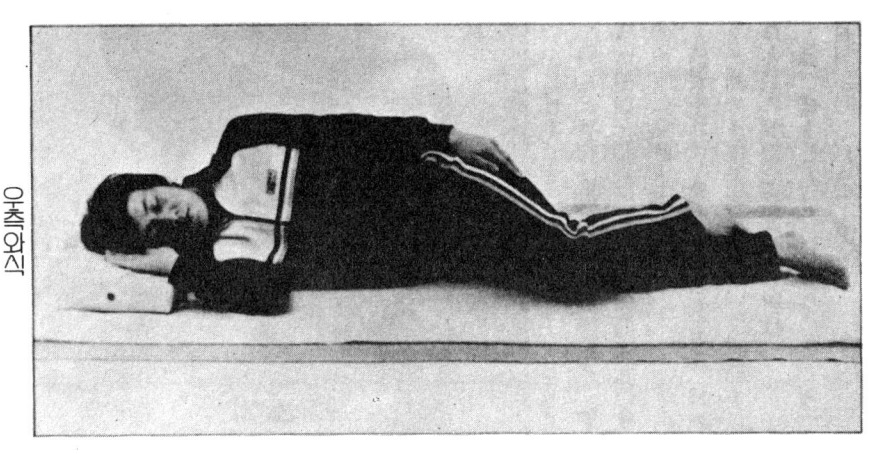

우측와식

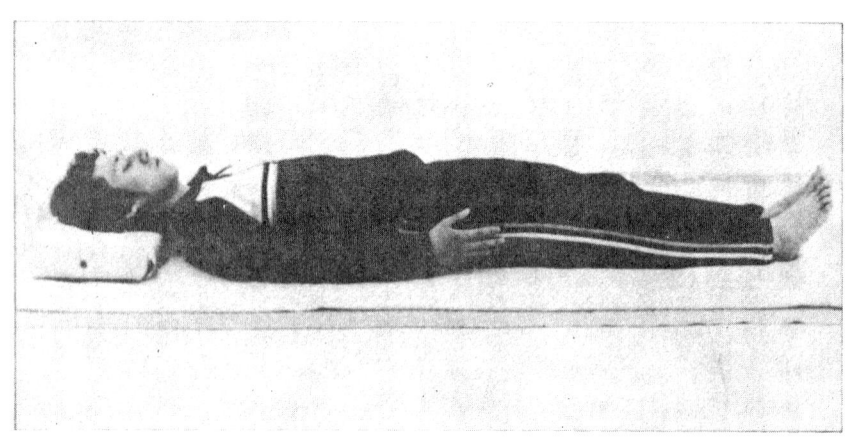

앙와식(仰臥式) = 베드에 앙와하고, 머리는 조금 앞쪽으로 숙이고, 신체를 똑바로 한다.

좌식(坐式) = 의자에 자세를 바르게 하여 앉고, 머리는 조금 앞쪽으로 숙이고 「함흉발배(含胸拔背)」의 자세가 되도록 한다. 어깨가 솟아 올라가도록 하지 말고 느슨히 하고, 팔꿈치를 들지말고 무리없이 내린, 송견수주(松肩垂肘)로 하고, 다섯 손가락을 펴 벌리고, 손바닥을 아래로 향하여, 대퇴 위에 가볍게 얹는다.

양 발은 평행하게 어깨 넓이로 벌리고, 하퇴는 지면과 수직이 되게 하고, 무릎 관절은 90도 각도로 구부린다.

의자의 높이가 적당하지 않을 때는, 발 아래에 모포 등을 깔아 조절한다. 입과 눈의 요령은 측와식(側臥式)과 같다.

좌식

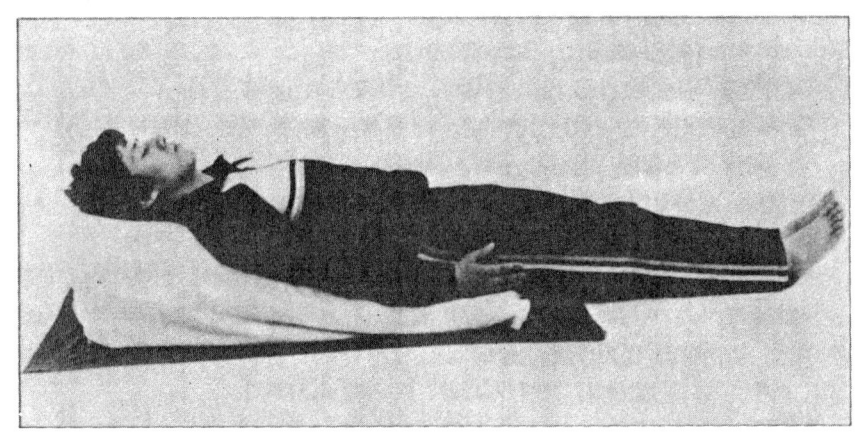

장식(壯式) = 이것은 방송공의 항에서 설명했던 그대로이다.

이들 4가지 종류의 자세 중, 어느 것을 선택하면 좋은가 하면, 내양공의 경우, 일반적으로 우선 와식에서부터 시작한다. 와식의 좌측와, 우측와, 앙와, 측와의 좌우 선택에 관해서는, 병상과 개인의 습관에 근거를 두어 정하도록 한다.

위의 긴장력이 낮고, 운동력이 비교적 강하고, 위에서 장으로 보내는 움직임이 완만한 사람은 우측와식을 선택하는 편이 좋다. 특히 식후에 실시하는 경우는 그렇게 하도록 한다.

이 책(本書)에서는 이후, 편의상 우측와식을 채용하여 설명한다.

단, 위점막 탈수증 환자는 우측와식을 선택해서는 안된다. 이 자세로 실시하면, 위점막 그 곳에 중력이 가해져 병상을 악화시키기 때문이다.

좌식과 와식은 서로 조합해서도, 단독으로도, 응용해서 실시해도 좋다. 장식(壯式)은 앙와식의 일종에 속해 있기는 하지만, 훈련 후기에, 체력을 증강시키기 위한 수단으로써 채용하는 편이 효과적이다. 와식을 수 일 연습한 후, 체력이 회복된 다음 좌식을 첨가하면 좋다.

③ 묵념자구법 (默念字句法)

연공으로 조식하는(호흡을 정비한다) 때에는, 동시에 어떤 특정의 문구를 마음 속으로 외칠 필요가 있다. 이것은 의념(意念)을 사용하여, 즉, 머리 속으로 외치는 것이며, 소리를 내어서는 안된다.

중국에서는 보통, 한자 3자로 시작한다. 연공하는 사람의 상황에 따라 적당히 늘이는 것이 좋은데, 가장 긴 것이라 해도 한자 9자를 넘는 것은 좋지 않다고 되어 있다.

문구는, 릴렉스, 아름다움, 건강 등의 내용을 갖춘 것을 선택해야 한다. 상용되는 문구에는 다음과 같은 것이 있다.

「자기정(自己靜 : 스스로 안정하려 한다)」
「자기 정좌(自己 靜坐 : 스스로 정좌한다)」
「자기 정좌 신체호(自己 靜坐 身體好 : 정좌를 하면 몸에 좋다)」
「자기 정좌 신체 능 건강(自己 靜坐 能 健康＝정좌를 하면, 신체는 건강)」
「통신송정(通身鬆靜 : 전신을 릴렉스 시키자)」
「내장동, 대뇌정(內臟動, 大腦靜) : 내장은 움직이고, 대뇌는 안정한다」
「견지 연공 능 건강(堅持 練功 能 健康 : 잘 연공하면, 건강에 좋다)」

묵념 자구는, 이하에 서술할 조식(調息)＝ 호흡법과 밀접하게 결합시켜야 한다.

예를 들면, 「자기정」의 3자의 묵념의 경우, 흡기(숨을 들이 마심) 때에 「자(自)」의 자를 묵념하고, 정돈(停頓 : 숨을 잠시 정지한다) 때에 「기(己)」의 자를 묵념하고, 호기(숨을 내 뿜는다) 때에 「정(靜)」의 자를 묵념한다.

이 묵념 자구는, 정신을 이끌고, 잡념을 배제하는 작용을 한다. 문구의 암시, 유도를 통하여, 문구에 상응하는 생리적 효과를 내는 것이다.

사용하는 문구는, 병의 종류에 따라 다르다. 몇 개의 예를 들어 보겠다.

정신이 긴장되어 있는 사람→「아송정(我松靜 : 릴렉스하자)」

「비운실건(脾運失健 : 한방의 비의 움직임이 실조되어 있는)」한 사람 → 「내장동, 대뇌정(內臟動, 大腦靜)」

「기혈양기(氣血兩弓 : 기와 혈의 두가지 모두 보족한)」인 사람→「염담허무(恬淡虛無), 진기종지(眞氣從之) : 마음을 안정시키고 허무하게 여겨, 탐욕, 망상을 품고 있지 않으면, 생명의 근원인 진기(眞氣)는 순조롭게 체내를 운행한다)」

「기대흉인(氣滯胸肕 : 기가 가슴에 정체하여 있다)」인 사람→「기침단전(氣沈丹田), 진기내생(眞氣內生) : 기를 단전으로 모으면, 진기(眞氣)가 체내에 살아난다)」

묵념의 자수(字数)는, 처음은 적게 하여 호흡이 부드럽게 조절된 다음 늘리도록 한다.

여기에서 확실히 지적해 두고 싶은 것은, 묵념이란 호흡 운동 중 하나의 배합 동작이며, 결코 호흡의 빠르고 느림 또는 정돈 시간의 장단을 억제하는데 영향을 주는 것이 아니라는 점이다. 하나의 자(字)를 묵념하는 시간에 통일된 규정은 없다. 적당한 시간 실시하면 좋은 것이다. 그러나, 묵념의 자수(字数)가 너무 많으면 안 된다.

그런데, 이상 서술한 자수(字数)는, 말할 필요도 없이 모두 중국어인 한자의 수이다. 그래서 우리는 묵념에 사용하기에 적당한 문구를 만들지 않으면 안된다. 이 책(本書)에서는, 편의상, 「마음을 평온하게, 느긋하게」라고 하는 문구를 묵념하는 문구로써 사용하기로 한다(독자가 더욱 좋은 문구를 발견하여 만들면 이 문구에 구애되지 말고 자유로이 그것을 사용해도 지장 없다).

4 조식(調息)

조식= 호흡법은, 내양공의 주요 성분의 하나이며, 일종의 복식 호흡을 단련하여 체득하지 않으면 안된다.

내양공의 호흡법은 비교적 복잡하여, 호흡, 정돈, 혀의 움직임, 묵념 자구의 네 가지 동작을 서로 결합하는 것이 요구된다. 상용되는 호흡법에는 세가지 종류가 있는데, 여기에서는 경 호흡과 연 호흡의 두가지 종류를 소개한다. 각각, 다음과 같은 특징이 있다.

경 호흡은, 병상이 가벼운 장년의 사람, 비교적 체력이 있는 사람이 사용하는 것으로, 체질 증강의 작용이 현저하다. 단, 고혈압 환자는 실시해서는 안된다.

연 호흡은, 병상이 무거운, 체질이 비교적 약한 사람이 사용하는 것으로, 초보자, 병 치료기의 사람, 체질이 비교적 약한 사람 외, 특히 호흡기 병인 사람, 호흡에 힘이 없는 사람, 호흡이 순조롭지 않은 사람에게 적합하다.

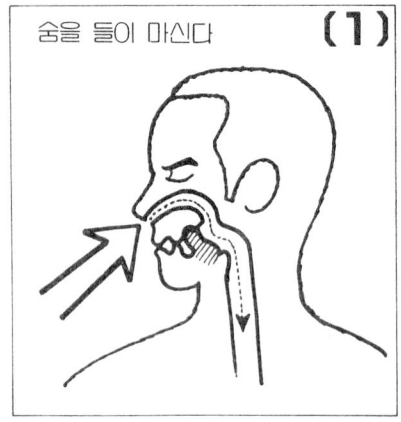
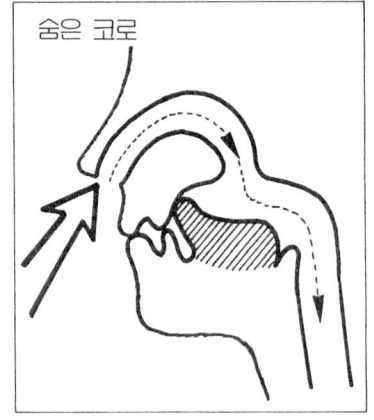
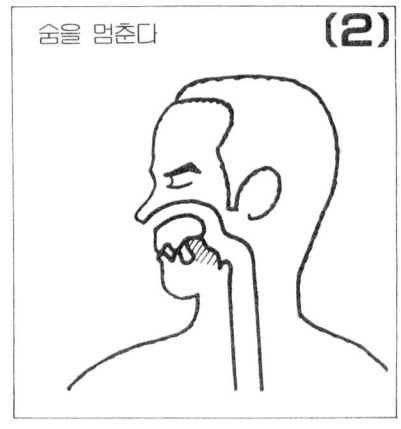

－내양공·경호흡법

※ 체력이 있는 사람, 병이 가벼운 사람

1 릴렉스 – 심신을 릴렉스 시킨다 (방송공을 실시해도 좋다).

2 조신(調身) – 자세를 우측와식으로 정비한다.

3 조식(調息) – 가볍게 입을 닫고, 혀를 윗턱 부분에 붙인다.

《예비 연습》

경 호흡은, 비(鼻) 호흡을 사용한다.

① 코로 숨을 들이 마신다. 동시에, 의식을 사용하여 숨을 하복부로 이끈다. 자연스럽게 하복부가 부풀어 오른다. 이것을 「기침단전(氣沈丹田)」이라고 한다. 이 때, 힘주어 숨을 들이 마시거나, 숨을 하복부로 눌러 넣어서는 안된다 (그림 1).

② 숨을 들이 마셨으면 내 뱉지 말고 혀를 그대로 움직이지 말고, 호흡을 정지한다. 하복부도 움직이지 않는다. 정지는 자연스럽게 실시한다. 무리하게 숨을 눌러서는 안된다 (그림 2).

③ 혀를 내리면서, 숨을 천천히 내 뿜는다.

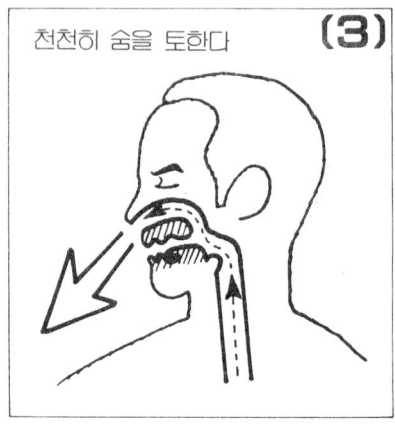

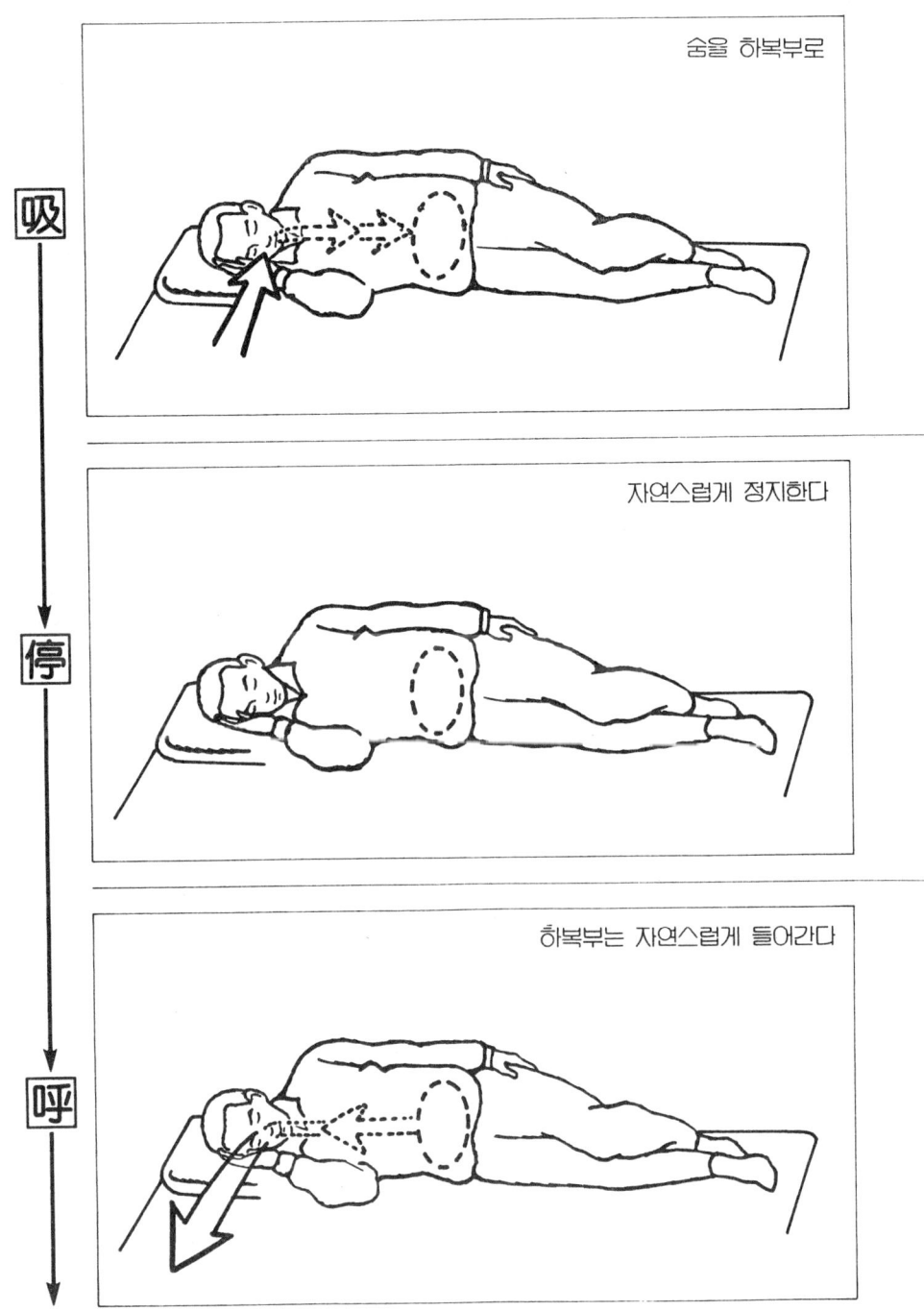

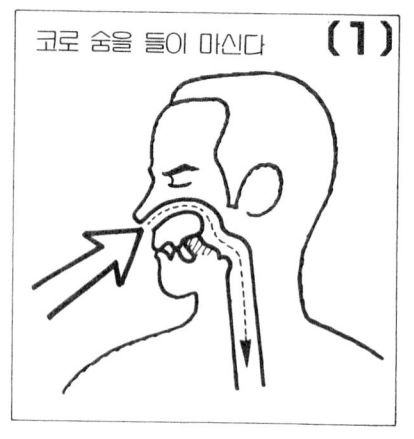
(1) 코로 숨을 들이 마신다

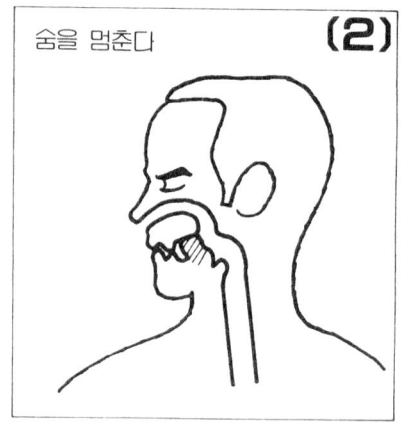
(2) 숨을 멈춘다

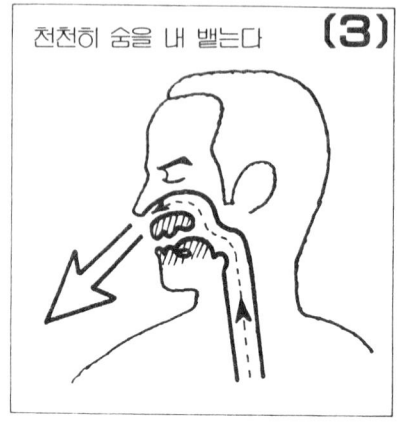
(3) 천천히 숨을 내 뱉는다

요컨대, 흡→정→호, 흡→정→호……하고 반복하는 것이다.

《결합 연습》

호흡의 요령이 터득되면, 이번에는, 4 조식+묵념자구(默念字句)의 결합 연습을 실시한다. 묵념자구는, 호흡과 혀의 움직임과 밀접하게 결합되어 있어야 한다. 그러면,
「마음을 평온하게, 느긋하게」를 묵념하는 문구로써 연습해 보도록 한다.

① 가볍게 입을 닫고, 혀를 윗턱에 붙이고, 코로 숨을 들이 마신다. 동시에, 의식을 사용하여 숨을 하복부로 이끈다. 자연스럽게 하복부가 부풀어 오른다. 동시에, 「마음을」이라고 묵념한다 (그림 1).

③ 혀는 그대로 움직이지 말고, 호흡을 정지한다. 하복부도 움직이지 않는다. 정지는 자연스럽게 실시하고, 무리하게 숨을 불어 넣거나 하지 않는다. 동시에 「평온하게」라고 묵념한다 (그림 2).

③ 정지한 후, 혀를 내리면서, 또 숨을 천천히 내 뿜는다. 동시에 「느긋하게」하면서 묵념(默念)한다 (그림 3).

이상의 순서로 반복하는 것이다.

수공 동작은, 방송공의 항에서 설명했으므로 생략한다.

-연공의 횟수와 시간

병에 걸린 사람은, 후술하는 병 별의 연공법을 참조한다.

체질이 조금 약하든지 완전한 건강체로, 건강 보지(保持), 병 예방, 불로 장수를 목적으로 실시하는 경우는, 매일 1~2, 아침 일찍이나 취침 전에 매회 30분~1시간 (초보자는 단시간 쪽이 좋고, 서서히 길게 해 가도록 한다).

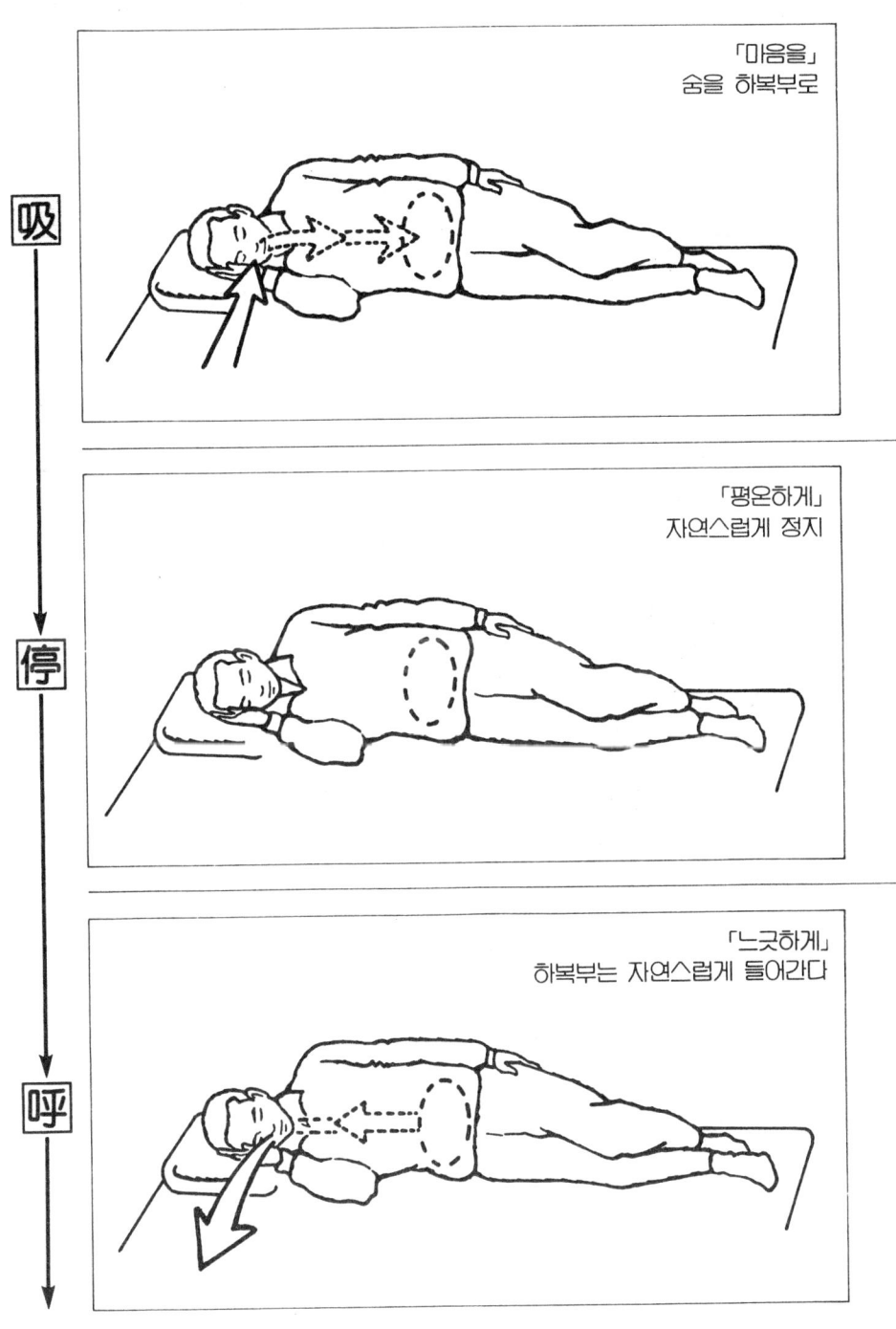

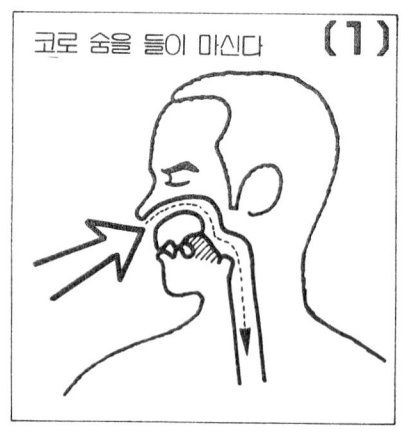

코로 숨을 들이 마신다 (1)

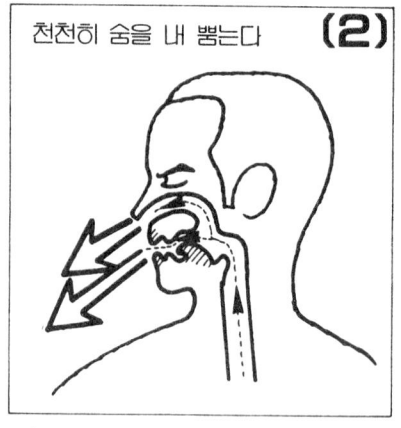

천천히 숨을 내 뿜는다 (2)

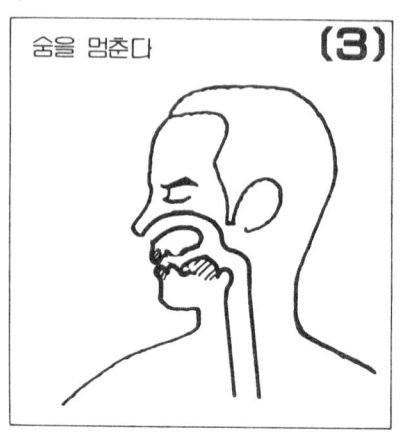

숨을 멈춘다 (3)

－내양공·연호흡법(軟呼吸法)

※ 초심자, 체력이 없는 사람, 병이 무거운 사람에게 적합하다.

[1] 릴렉스 – 심신을 릴렉스 시킨다(방송공을 실시하면 좋다).

[2] 조신(調身) – 자세를 우측와식으로 정비한다.

[3] 조식(調息) – 입과 이를 가볍게 다물고, 혀를 윗턱부에 붙인다.

《예비 연습》

연 호흡은, 입과 코를 병용한다.

① 코로 숨을 들이 마신다. 동시에, 의식을 사용하여 숨을 하복부로 이끈다. 자연스럽게 하복부가 부풀어 오른다. 이것을 「기침단전(氣沈丹田)」이라고 한다. 이 때, 힘들여 숨을 들이 마시거나, 숨을 하복부로 눌러 넣거나 해서는 안된다 (그림 1).

② 입과 이를 가볍게 벌리고 혀를 천천히 움직이며 숨을 내 뱉는다. 입에서 토해 내도 좋다. 하복부는 자연스럽게 들어간다 (그림 2).

③ 숨을 내 뿜는 것이 끝나면, 호흡을 자연스럽게 정지한다. 입과 이, 혀는 그대로 움직이지 않는다. 하복부도 자연스럽게 움직이지 않는다(그림 3). 요컨대, 흡(吸) → 호(呼) → 정(停), 흡→호→정……하고 반복하여 하는 것이다.

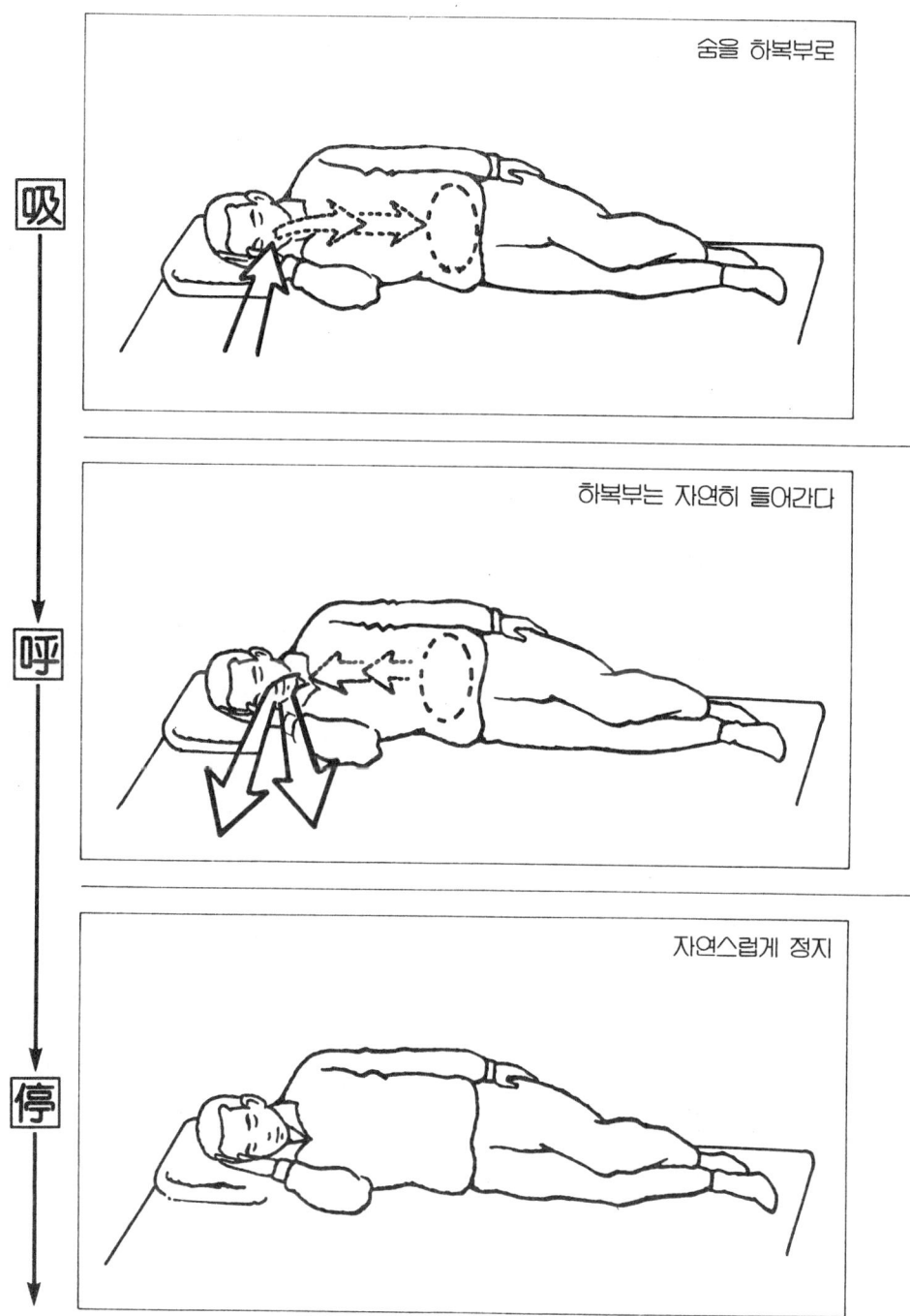

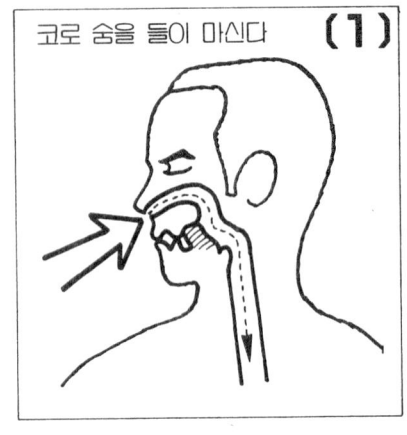

코로 숨을 들이 마신다 (1)

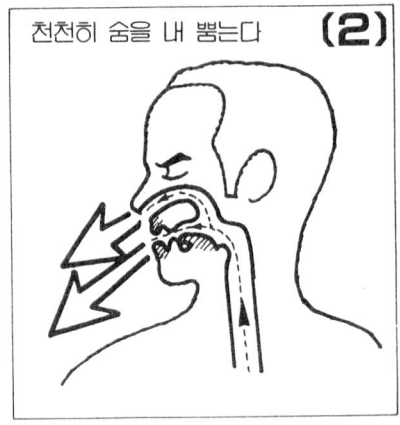

천천히 숨을 내 뿜는다 (2)

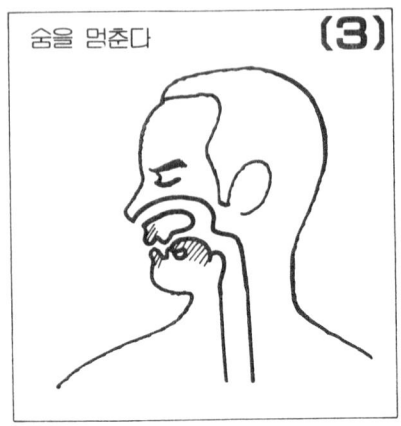

숨을 멈춘다 (3)

《결합 연습》

호흡의 요령이 터득되면, 이번에는, 4 조식＋묵념자구(默念字句)의 결합 연습을 실시한다. 묵념자구는, 호흡과 혀의 움직임과 밀접하게 결합되어 있어야 한다. 그러면,

「마음을, 평온하게, 느긋하게」를 묵념하는 문구로써 연습하여 본다.

① 입과 이를 가볍게 닫고, 혀를 윗턱부에 대고, 코로 숨을 들이 마신다. 동시에 의식을 사용하여 숨을 하복부로 이끈다. 자연히 하복부가 부풀어 오른다. 동시에「마음을」하고 묵념한다(그림 1).

② 입과 이를 가볍게 열어, 혀를 내리고 천천히 숨을 내 뿜는다. 입으로 내뿜어도 좋다. 하복부는 자연스럽게 들어간다. 동시에 「평온하게」라고 묵념한다 (그림 2).

③ 숨을 내 뿜는 것이 끝났으면, 호흡을 자연스럽게 정지시킨다. 입과 이, 혀는 그대로 움직이지 않는다. 하복부도 자연스럽게 하여 움직이지 않는다. 동시에「느긋하게」라고 묵념한다 (그림 3).

이상의 순서로 반복하는 것이다.

수공 동작은, 방송공의 항에서 설명했던 대로이다.

― 연공의 횟수와 시간

병에 걸린 사람은, 후술하는 병 별의 연공법을 참조한다.

체질이 조금 약하거나 완전한 건강체로, 건강 보존, 병 예방, 불로 장수를 목적으로 실시하는 경우는, 매일 1～2회, 아침 일찍 취침 전에 매회 30분～1시간 실시한다. (초보자는 단시간 하는 편이 좋다. 서서히 늘여가도록 한다).

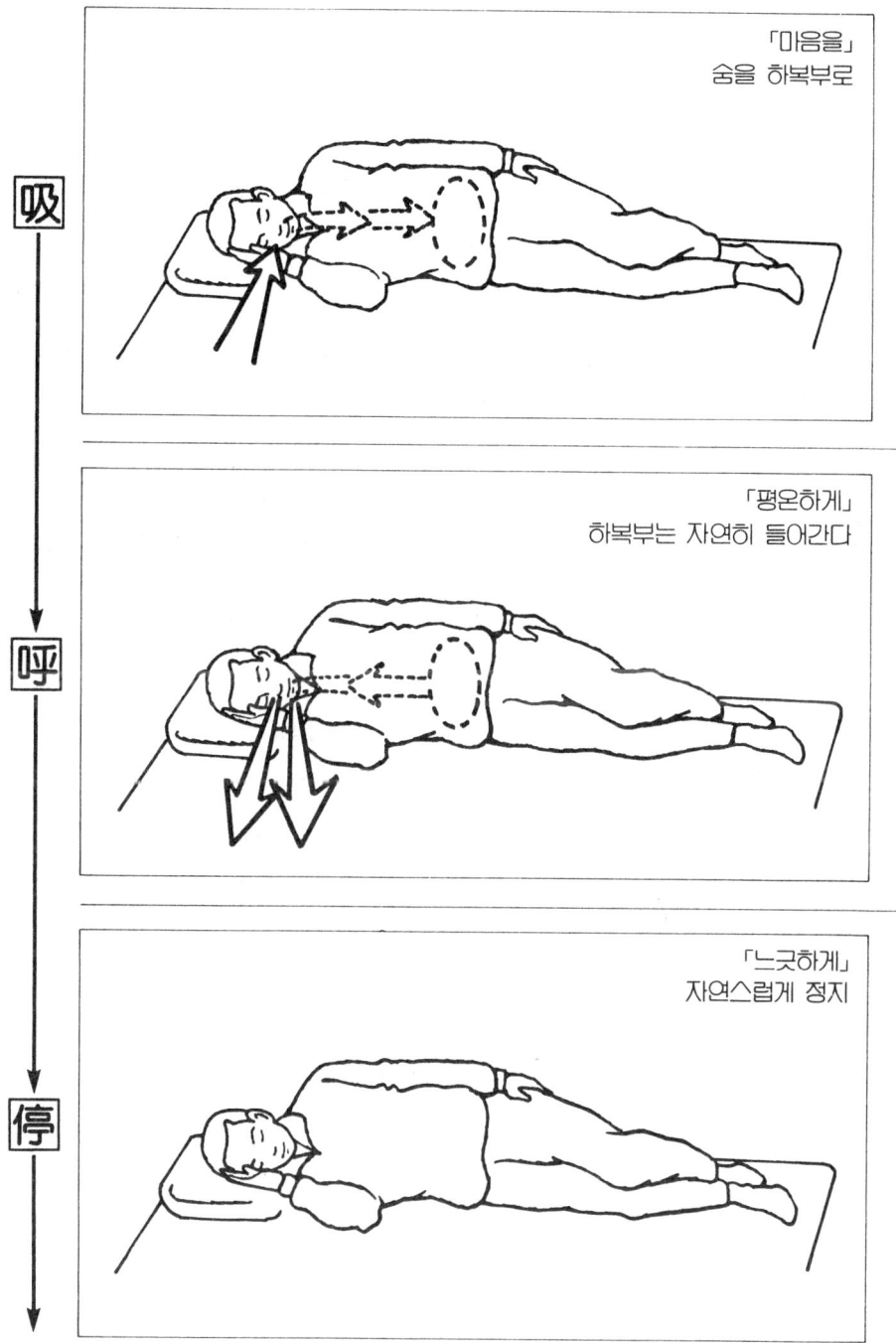

5 의수법 (意守法)

　내양공·경 호흡법, 내양공·연 호흡법의 어느 것을 선택하더라도, 지금까지의 내양공의 연공을 마스터했으면, 다음은 드디어 의수법을 첨가하여 「입정(入靜)」으로의 도달을 목표로 해도 좋다.

　의수에는, 정신을 집중하여 잡념을 배제하는 작용이 있고, 기공법 중의 중요한 수단이다. 내양공에는 ① 의수 단전(意守 丹田)법, ② 의수단중법(意守檀中法), ③ 의수각지법(意守脚趾法)의 3가지 종류를 상용한다.

　일반적으로는, 이 중 의수 단전법을 채용하는 경우가 많다.

　의수 단전법은, 머리, 가슴, 배의 세부분을 이용하여, 호흡과 결합하여 리드미컬한 복벽의 기복 운동 중에 의수를 보지(保持)하고, 또 비교적 좋은 의식 집중, 잡념 배재의 목적에 도달할 수 있기 때문에 안전 확실하다고 간주되고 있다.

　단, 여성의 경우, 의수 단전법을 실시하면, 생리의 기간이 연장되거나, 생리 과다가 되는 경우가 있다. 그 경우는, 의수 단중법으로 고쳐야 한다. 또, 잡념이 많은 사람은 눈을 감고 의수 단전을 하는 것이 어렵기 때문에, 의수 각지법을 채용하는 것이 좋다.

　의수를 어디에 하더라도, 모두 자연스럽게, 기초에 따라 가볍게 의수하는 것에는 변함이 없다.

　이하, 세종류의 의수법을 소개한다. 독자는 각자, 자신에게 가장 적당한 의수법을 선택하여, 내양공·경 호흡법이나 내양공·연 호흡법의 연공과 동시에, 그 의수법을 첨가하여, 기공의 극의인 「입정」으로 도달하는 것을 목표로 하는 것이 바람직하다.

　의수 단전법(意守丹田法) = 많은 사람에게 적용되며, 안전 확실한 방법. 「단전」은 기공에 있어서 자주 사용되는 용어이지만 그 부위와 의의에 대해서는 여러가지 설이 있다. 내양공의 단전은 그 아래 약 4·5센치 되는 곳에 「기해(氣海)」라고 하는 급소에 위치한다고 규정한다.

　단전은 작은 급소이기는 하지만, 의수할 때는 자그마한 정확한 위치에 구애될 필요는 없다. 기해혈(氣海穴)을 원의 중심으로 하는 하나의 원을, 하복부의 표면에 상상해도 좋고, 하나의 구를 하복부의 내부에 상상해도 좋다.

　의수 단중법(意守檀中法) = 여성에게 적합한 방법. 의념으로, 양 젖 사이의 단중혈(檀中穴)을 중심으로 하는 원을 생각하든지, 흉골 검상 돌기 아래의 명치를 의수한다.

　의수 각지법(意守脚趾法) = 잡념이 많은 사람에게 적합한 방법. 양 눈을 가볍게 감고, 조금, 겨우 한줄기의 광선을 볼 수 있게 하여 시선에 따라 의식을 발의 엄지 발가락으로 이끌든가, 눈을 감고 발 모양을 생각해도 좋다.

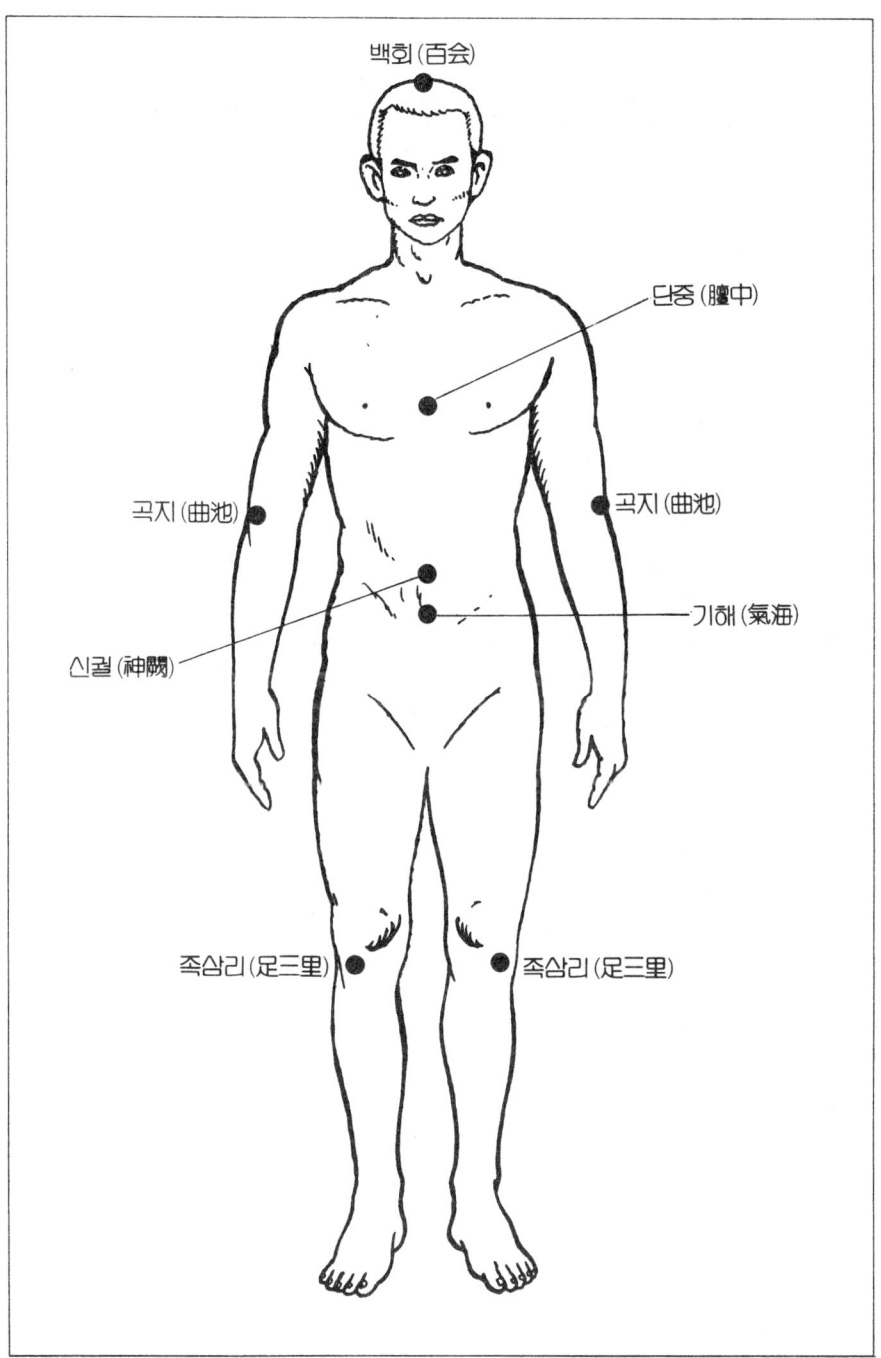

강장공의 연공(練功)

－강장공의 효과.

강장공은, 불교, 유교, 도교, 민간 각 유파의 기공법의 정화를 흡수, 총합 정리하여 완성한 것이다.

고혈압증, 심장병 등의 심혈기 계통 외, 정신 계통의 노이로제, 호흡기 계통의 폐기증 등의 치료에 효과가 있다. 또, 병자의 체질 강화, 건강한 사람의 보건, 병 예방, 노인의 건강 보존에 유효하다.

－강장공의 연공법

강장공은, 내양공에 비하여 묵념자구법이 없는, 호흡법이 간단한 것으로, 내양공 연공을 거친 사람은, 비교적 용이하게 연공에 들어갈 수 있다.

원칙은, 내양공을 모방하여, 다음과 같이 나눌 수 있다.

1 릴렉스 - 심신을 릴렉스시킨다   2 조신 - 자세를 정비한다
3 조식 - 호흡을 정비한다   4 의수법 - 정신을 집중한다

1 릴렉스

내양공의 항에서 설명했던 그대로이므로 생략한다.

2 조신 (調身)

좌식의 자연반슬좌(自然盤膝坐), 쌍반슬좌(双盤膝坐), 단반슬좌(単盤膝坐)의 세가지 종류에 참식(站式), 자유식을 더하여 전부 5종류이다.

자연반슬좌(自然盤膝坐) ＝ 양쪽 하퇴를 교차시키고, 발바닥은 뒷쪽으로 향하고, 엉덩이 부분을 내리고, 양쪽 대퇴를 하퇴 아래에 두고 자연스럽게 책상 다리로 앉는다.

머리 근육은 릴렉스시켜 머리를 조금 앞으로 향하게 하고, 양 눈은 가볍게 감는다. 양 팔을 자연스럽게 내리고, 양 손의 네개 손가락을 서로 쥐든지, 또는 한 손을 다른 손바닥 위에 얹어, 하복부 전방의 대퇴 위에 둔다.

단반슬좌(単盤膝坐) ＝ 양 무릎을 구부리고, 좌측 하퇴를 우측 하퇴 위에 두고, 좌측 발등을 우측 대퇴 위에 얹어, 왼쪽 족심을 위로 향하게 하여 앉는다. 또는 반대로, 우측 하퇴를 왼쪽 하퇴 위에 두고, 오른 발등을 좌측 대퇴 위에 얹고, 오른 발 족심을 위로 향하게 하여 앉는다.

단반슬좌

자연반슬좌

쌍반슬좌

쌍반슬좌(双盤膝坐) = 오른쪽 하퇴를 왼쪽 하퇴 위에 얹고, 왼쪽 하퇴를 오른쪽 하퇴 위에 들어 올려 양퇴를 교차시켜 양 족심(足心)을 위로 향하여 양쪽의 대퇴 위에 둔다.

참식(站式) = 양발을 어깨 넓이로 평행하게 벌리고 선다. 무릎을 조금 구부리고, 가슴을 오목하게 하고, 등 줄기를 똑바로 하고, 머리를 조금 앞쪽으로 기울이고, 양 눈은 가볍게 감는다. 어깨 힘을 빼고 팔을 내려뜨린다. 「송견수주(松肩垂肘)」가 되게 하고, 팔꿈치를 조금 구부리고, 양손의 엄지와 네 손가락은 물건을 잡고 있을 때와 같이 떨어뜨려 하복부의 앞에 둔다.

또는, 팔꿈치를 올려, 양손으로 볼을 품듯이 가슴 앞에 두어도 좋다.

63

침식의 포구식(抱球式)

참식(站式)의 연습은 실내에서도, 실외에서도 좋지만, 가장 좋은 것은, 시원한 환경으로, 공기가 신선하고 소음이 없는 곳이다. 그러한 장소라면 입정하기 쉽다.

자유식(自由式)＝고정된 자식(姿式)을 취하지 않고, 완전히 자신의 뜻대로 하는 것에 기초하여, 연공하여 가는 것이다.

일로 피곤해졌거나, 정신을 고도로 집중한 후에, 언제라도 그 장에서, 자식(姿式)의 종류에 구애되지 않고 호흡의 조정과 의수 단전을 진전시키면 좋다. 전신이 릴렉스 되면, 피로를 풀고, 일의 능률을 높일뿐 아니라, 신체의 건강에도 유효하다.

체질이 허약한 사람은, 처음에는 와식이나 좌식을 사용하면 좋다. 그리고, 일정 기간의 연공을 거친 후 참식(站式)을 첨가하도록 한다.

체질이 양호한 사람은, 이들 세가지 식을 같이 연습해도 지장은 없다.

이 책(本書)에서는, 편의상, 좌식인 자연반슬좌(자연스러운 책상 다리)를 채용하여 설명해 가도록 하겠다.

3 조식(調息)

조식=호흡법에는, 정호흡법, 심호흡법, 역호흡법의 세가지 종류가 있다.

정호흡법(静呼吸法)=자연 호흡법이다. 의식을 집중시켜 호흡시키지 않고, 자연 그대로 호흡하면 좋다.

노년, 체질 허약, 폐결핵 등의 환자에게 적합한 호흡법이다.

심호흡법(深呼吸法)=심장(深長)의 혼합 호흡법으로, 흡기시에 가슴과 배가 비슷하게 부푼다. 연습함에 따라 호흡은 점차 깊고 길게, 평온하고 섬세한 고른 단계에 도달한다.

신경 쇠약, 변비, 정신 집중이 어려운 사람에게 비교적 적합한 호흡법이다.

역호흡법(逆呼吸法)=흡기 시에 흉부가 확장되고, 복부가 수축된다. 호기시에 흉부가 수축되고, 복부가 밖깥쪽으로 부푼다. 이 호흡법은, 얕은 단계에서 깊은 단계로 서서히 단련되어 가며, 자연스럽게 마스트할 수 있으므로, 무리를 해서는 안된다. 연공의 일수가 많아짐에 따라 깊고 긴 단계로 도달할 수가 있다.

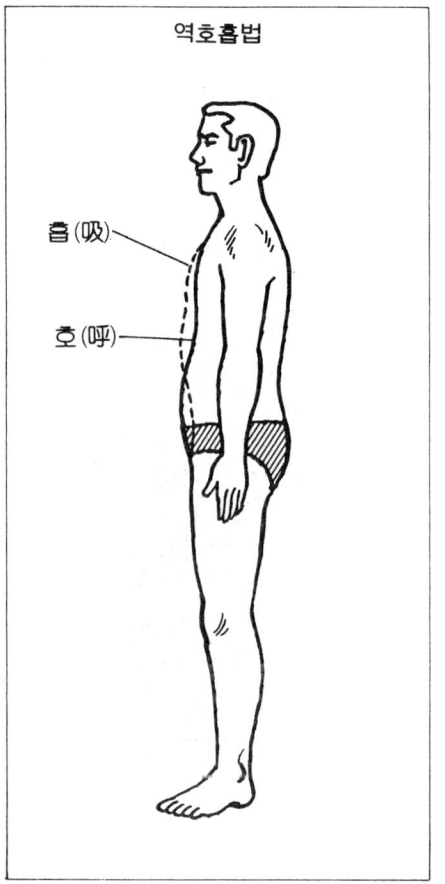

역호흡법

체력을 증강하고, 건강 보존에 적합한 호흡법이다.

강장공(强壯功) 호흡법은, 내양공과 마찬가지이며, 비 호흡이 요구되며, 혀 끝이 가볍게 윗턱을 스친다. 단, 코막힘 등으로 공기의 유통이 좋지 않은 경우는, 입을 조금 벌려 호흡을 도와도 좋다.

심 호흡과 역 호흡은, 식후에 실시해서는 안되지만, 정 호흡은, 식전·식후를 막론하고 실시해도 좋다.

4 의수법(意守法)

강장공은 의수 단전법을 채용하고, 정신 집중에 의해 잡념을 제거하여, 입정에 도달한다.

드디어 실천편으로 전진하는 것인데, 그 연습법은 앞에서 서술한 세가지 종류의 호흡법—정 호흡, 심 호흡, 역 호흡으로 나누어 소개하겠다.

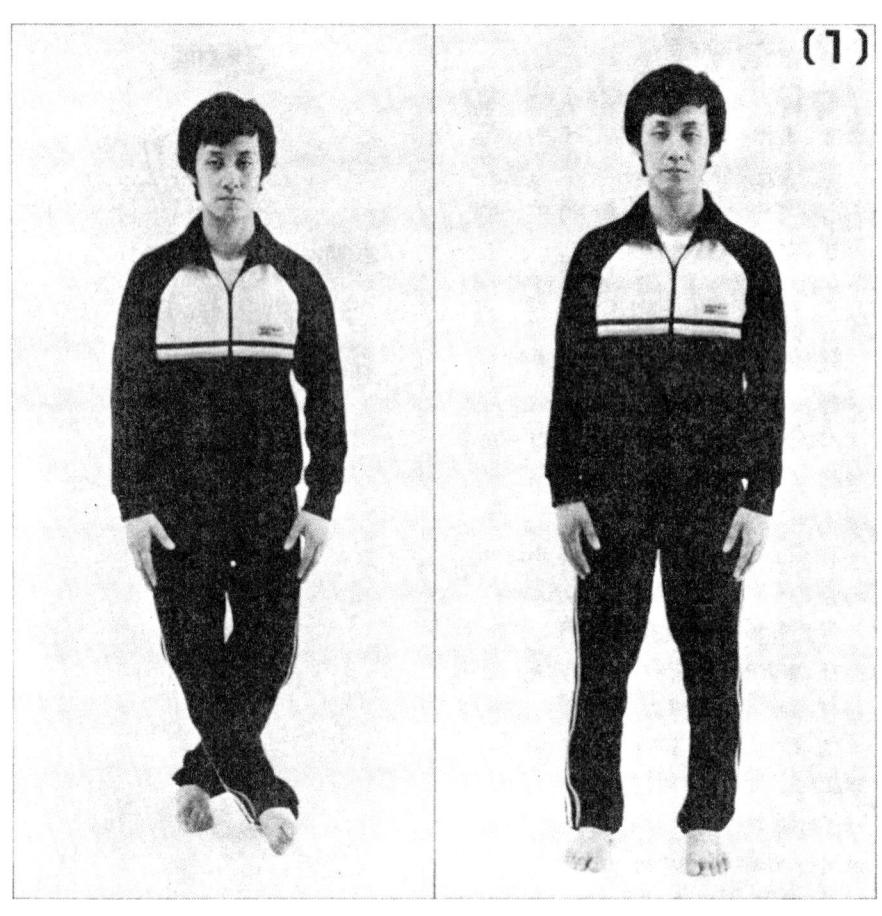

-강장공 · 정호흡법 (靜呼吸法)

※ 노인, 체력이 없는 사람, 폐결핵인 사람에게 적합하다.

1 릴렉스 - 심신을 릴렉스 시킨다(방송공을 실시해도 좋다).

2 조신(調身) - 자세는 자연반슬좌(자연스러운 책상 다리)로 한다.

자연반슬좌에 대해서는 앞에서 서술했지만 다시 실어 둔다.

① 양쪽 하퇴를 교차시키고, 발바닥은 뒷쪽으로 향하여 두고, 엉덩이 부분을 내리고, 양 대퇴를 하퇴 위에 둔, 자연스러운 책상 다리를 한다.

② 머리, 목줄기, 상체를 똑바로 하고, 엉덩이를 조금 뒤로 향하고, 가슴을 조금 오목하게 한 「함흉(含胸)」이 되도록 한다 (사진 1).

③ 목의 근육을 릴렉스시키고, 머리를 조금 앞으로 기울어지게 하고, 양 눈을 가볍게 감는다 (사진 2).

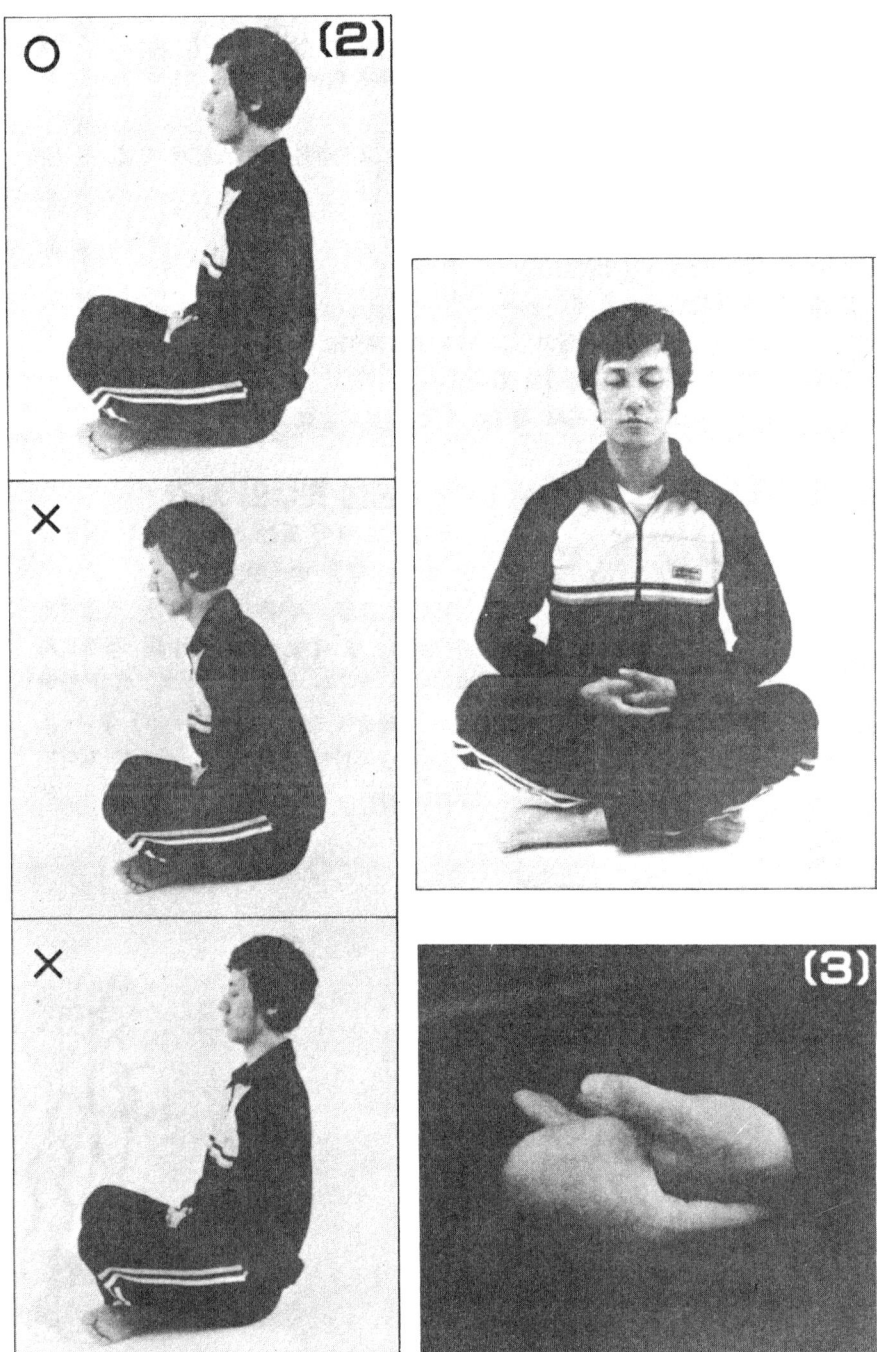

④ 양 팔을 자연스럽게 내리고, 양손의 네 손가락을 서로 쥐든가, 또는 한 손을 다른 손의 손바닥 위에 얹어, 하지 앞쪽 대퇴 위에 얹는다 (사진 3).

3 조식(調息) - 호흡을 정비한다.

① 입을 자연스럽게 다물고, 이도 가볍게 모으고, 혀를 자연스럽게 윗턱 부분에 댄다 (그림 4).

연공자 본래의 호흡법을 바꾸는 일없이

② 코로 들이 마신다 (그림 5).

③ 코로 내 뱉는다 (그림 6).

의식을 집중하여 호흡하지 않고, 그 자연대로 한다.

특히, 의수법은 사용하지 않아도 좋다.

수공 동작은, 방송공의 항에서 설명했던 그대로이므로 생략한다.

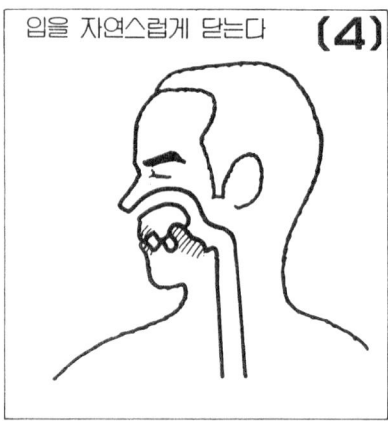

-기공의 횟수와 시간

무엇인가 병이 있는 사람은 후에 서술할 병 별 연공법을 참조할 것.

체질이 조금 약하든지, 완전한 건강체로 건강보지, 병 예방, 불로 장수를 목적으로 실시하는 경우는 매일 1~2회, 아침 일찍 이나 취침전에 30분~1시간 이면 좋다(초보자는 단시간인 편이 좋고, 서서히 길어지도록 한다).

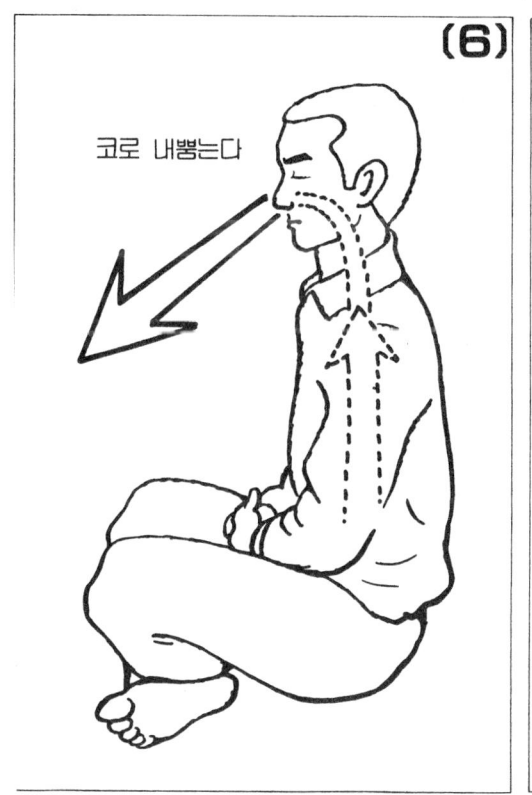

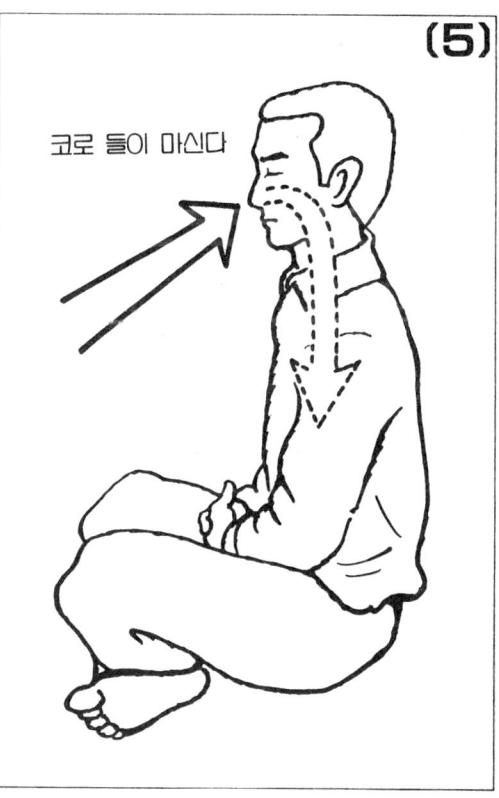

-강장공 · 심호흡법 (深呼吸法)

※ 신경 쇠약, 변비, 정신집중이 어려운 사람에게 적합하다.

1 릴렉스 - 심신을 릴렉스 시킨다 (방송공을 실시해도 좋다).

2 조신((調身) - 자세는 자연반슬좌(자연스러운 책상 다리)로 한다 (요령은 앞에서 서술했던 그대로이다).

3 조식(調息) - 호흡을 정비한다.

① 입을 자연스럽게 닫고, 이도 가볍게 모으고, 혀를 자연스럽게 윗턱 부분에 댄다 (그림 1).

② 코로 숨을 조용하고, 섬세하고, 길고, 깊게 들이 마신다(초조해 하지 말고, 연습을 계속하여 자연스럽게, 서서히 이렇게 하는 것이 가능해지면 좋다).

숨을 들이 마심에 따라, 자연히 가슴과 배 양쪽 모두가 부풀어 오른다(그림 2).

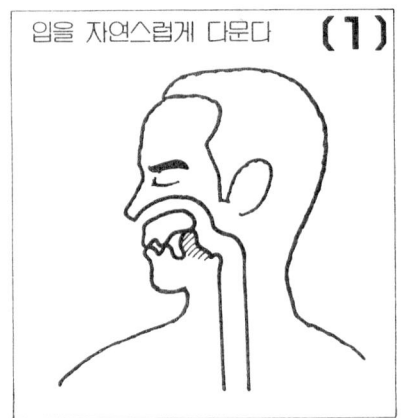

③ 코로 숨을 조용하고, 섬세하고, 깊고, 길게 내 뿜는다 (초조해하지 말고 연습을 계속하여 자연스럽게, 서서히 이렇게 하는 것이 가능해지도록 한다).

숨을 내뿜음에 따라 자연히 가슴과 배 양쪽 모두가 본래의 상태로 되돌아간다 (그림 3).

4 의수법(意守法) - 정신을 집중한다.

입정에 도달하기 위해서 의수 단전을 실시하고, 잡념을 배제한다.

심 호흡을 실시하면서, 배꼽 아래 4·5센치가 되는 곳에 있는 「기해(氣海)」라고 하는 급소를 중심으로 하는 하나의 원을, 하복부의 표면에(또는, 하나의 구를 하복부의 내부에) 상상해 간다.

※ 주의 : 이 방법은, 절대로 식후에 실시해서는 안된다.

수공 동작은, 방송공의 항에서 설명했던 대로이므로 생략한다.

-기공의 횟수와 시간

무엇인가 병이 있는 사람은, 뒤에 서술하는 병 별의 연공법을 참조하도록 한다.

체질이 조금 약하거나 완전한 건강체로, 건강 보존, 병 예방, 불로 장수를 목적으로 실시하는 경우는 매일 1~2회, 아침 일찍이나 취침 전에 매회 30분~1시간 동안이면 좋다(초보자는 단시간인 편이 좋으며, 서서히 길게 실시하도록 한다).

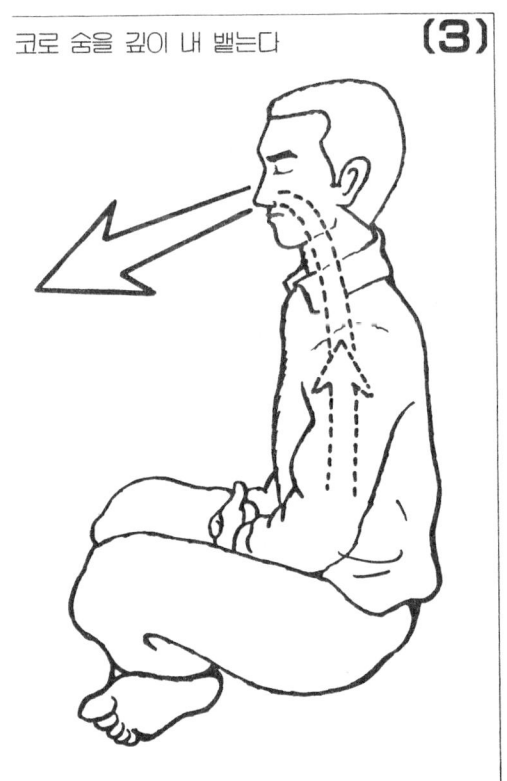

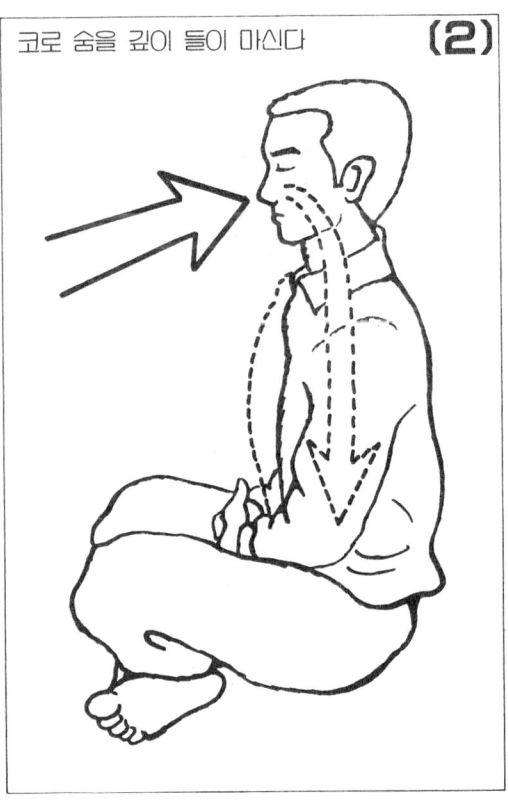

－강장공 · 역호흡법 (逆呼吸法)

※ 체력 증강, 건강 보존에 효과가 있고, 무술 기공에도 통한다.

이것은, 중국 무술인 기공법과 상통하는 방법이다.

① 릴렉스 － 심신을 릴렉스 시킨다(방송공을 실시해도 좋다).

② 조신(調身) － 자세는 자연반슬좌(자연스러운 책상 다리)로 한다 (요령은 앞에서 서술한 것 그대로이다).

③ 조식(調息) － 호흡을 정비한다.

① 입을 자연스럽게 다물고, 이도 가볍게 모으고, 혀를 자연스럽게 윗턱 부분에 댄다(그림 1).

② 코로 숨을 천천히, 조용하고, 섬세하고, 깊고, 길고, 고르게 들이 마신다(초조해 하지 말고 연습을 계속하여, 자연스럽게 실시할 수 있도록 한다. 무리를 해서는 안된다).

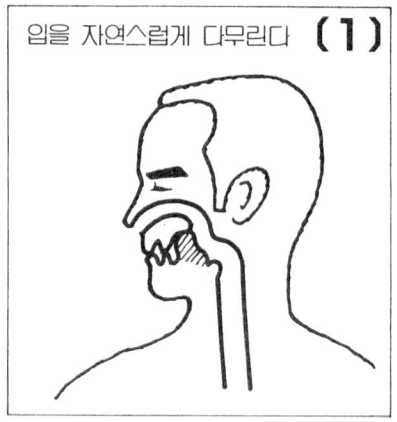

입을 자연스럽게 다무린다 (1)

숨을 들이마심에 따라, 흉부를 부풀리고 복부를 오목하게 해간다(서둘러서는 안된다. 처음은 잘 되지 않아 얇고, 팽창도, 수축도 신통치 않더라도 연공이 나날이 쌓임에 따라 깊어지면 된다) (그림2).

③ 코로 숨을 천천히, 조용히, 섬세하고, 깊고, 길고, 고르게 내뿜는다.

숨을 내뿜음에 따라, 자연히 흉부가 오목해지고 복부가 부푼다(그림3). 이상의 호흡 동작을 점차로 반복해간다.

④ 의수법 － 정신을 집중한다.

입정에 도달하기 위하여 의수 단전을 실시하고, 잡념을 배제한다.

역 호흡을 실시하면서, 배꼽 아래 대강 4·5센치 되는 곳에 있는 「기해(氣海)」라고 하는 급소를 중심으로 하는 하나의 원을 하복부 표면에 (또는, 하나의 구를 하복부의 내부에) 상상해 간다.

※ 주의 : 이 공법은, 절대로 식후에 실시해서는 안된다.

수공 동작은, 방송공의 항에서 설명한 그대로이므로 생략한다.

－연공의 횟수와 시간

무엇인가 병이 있는 사람은, 후에 서술할 병 별 연공법을 참조하도록 한다.

체질이 약간 약하거나 완전한 건강체로, 건강 보존, 병 예방, 불로 장수를 목적으로 실시하는 경우는, 매일 1~2회, 아침 일찍이나 취침 전에 매회 30분~1시간 동안하면 좋다 (초보자는 단시간인 편이 좋으며, 서서히 길게 실시하도록 한다)

呼 ← 吸

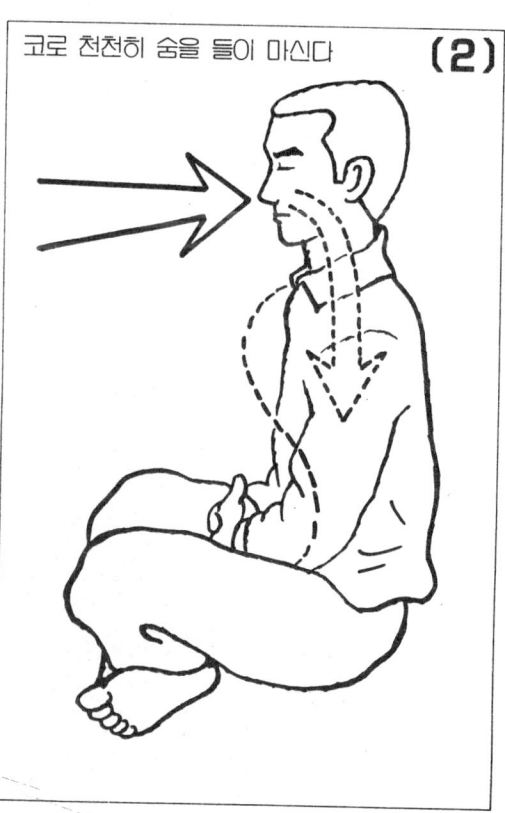

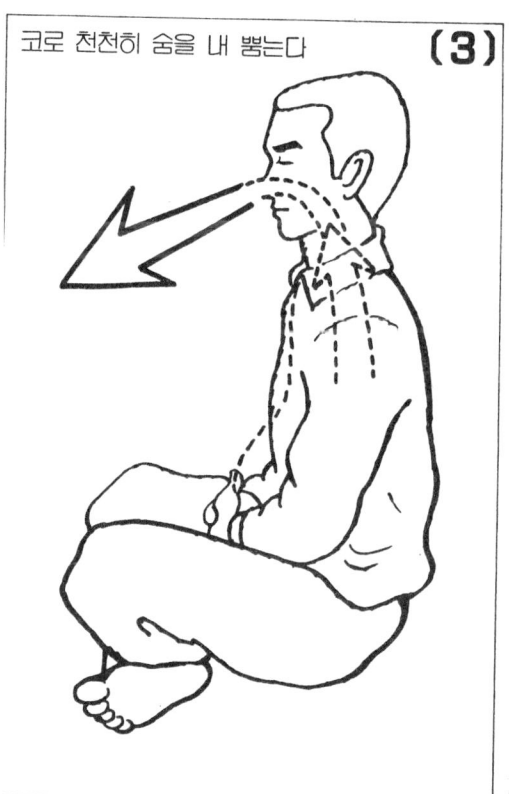

보건공(保健功)의 연공

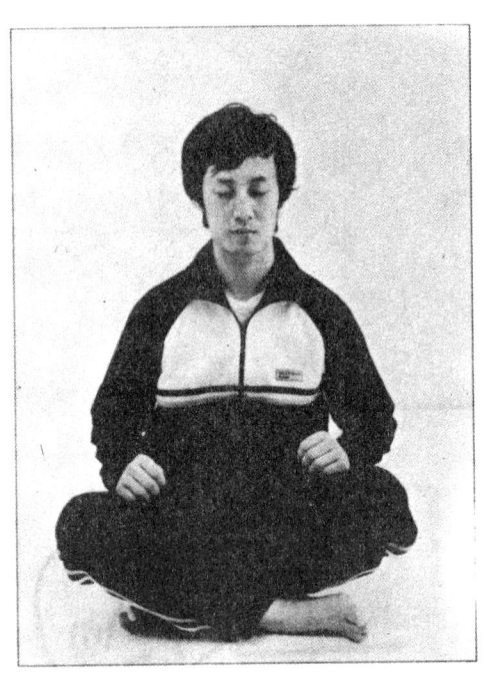

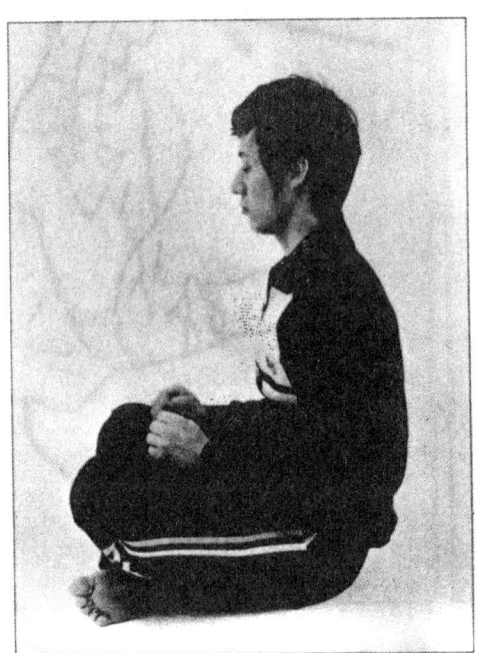

정좌 (위 : 정면, 아래 : 측면)

보건공은, 건강 보존에 유효할 뿐만 아니라, 병 치료에도 효과가 있다. 체질 허약자와 노인에게 가장 적합한 공법이다.

보건공에는 18절이 있기 때문에, 그것을 차례로 설명하겠다.

1 정좌(静坐)

① 강장공을 설명했던 항에서의 「자연 반슬좌」와 같은 책상 다리이다.

② 양 눈을 가볍게 감고, 혀를 가볍게 윗턱에 대고, 양 손의 네 손가락으로 엄지를 가볍게 쥐고, 대퇴 위에 얹는다.

③ 의식을 단전으로 집중하는 「의수 단전」을 실시하고, 코로 50회 호흡한다. 초보자는 자연 호흡으로도 좋지만, 이후, 호흡을 점차 깊게 하고, 심호흡 또는 복식 호흡으로 한다.

정좌를 단련하여 가면, 기분을 안정시키고, 잡념을 배제하고, 근육을 릴렉스시키고, 호흡을 평정할 수 있기 때문에, 이하의 각절의 공(功)을 잘 실시하는 준비가 된다.

정좌를 한 다음, 심 호흡을 50회 실시해야 한다.

〔효과〕산소를 흡입하여, 탄산 가스를 배출한다고 하는데서 폐장의 기능을 증강시킬 수 있고, 전신의 혈액 순환을 좋아지게 할 수가 있다.

2 이공 (耳功)

① 양손으로 좌, 우 각각 귓바퀴(귀 주변의 둥근 부분)를 18회 맛사지 한다.

② 그 후, 양손 엄지의 어제혈(魚際穴=급소) 부근으로 귀 구멍을 막고, 손가락을 후두부(後頭部)에 대고, 인지로 중지를 누른 채, 아래로 미끄러지듯이 후두부를 24회, 통통 소리가 울려 들릴 정도로 가볍게 튕긴다(옛날에는 이것을 명천고(鳴天鼓)라고 했다).

〔효과〕귓바퀴를 맛사지 하면, 청신경을 자극하게 되고, 그 흥분성을 높이고,

① 귀 바퀴를 문지른다

② 귀 구멍을 막는다

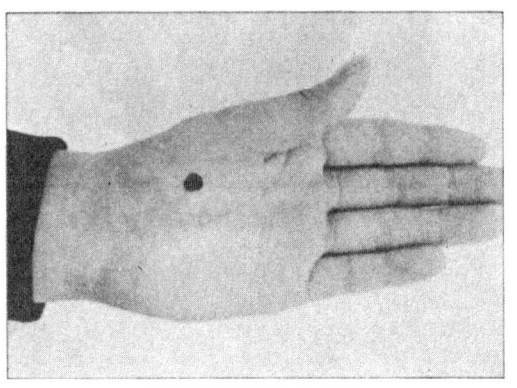

어제혈(魚際穴)의 급소

손가락을 후두부에 둔 때의 확대 그림

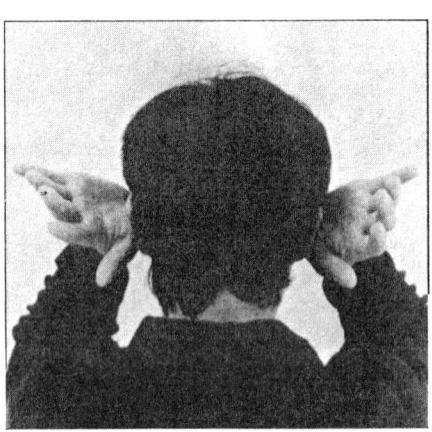
귀 구멍을 막은 곳의 확대 그림

③손가락을 후두부에 둔다

청력을 증강시키고, 이명과 귀머거리를 치유할 수 있다.

또, 명천고는 대뇌에 온화하고, 부드러운 자극을 주어, 중추 신경을 조정하는 작용이 있다. 게다가 순환 중추와 호흡 중추에도 자극을 주기 때문에, 심장과 폐장 기능을 개선할 뿐만 아니라, 어지러움이나 두통에도 효과가 있다.

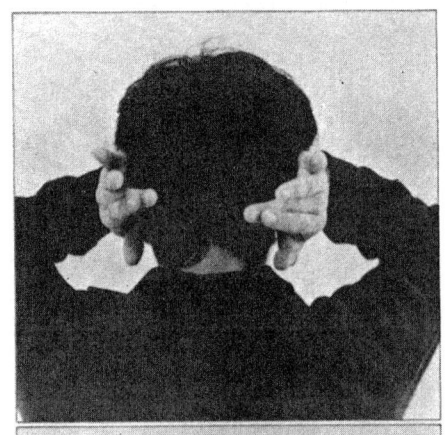

　　⑤ 가볍게 친다　　　　④ 인지 손가락으로 중지(中指)를 누른다

③ 고치 (叩齒)

상념을 집중하고, 상하의 이를 36회 마주 친다. 힘을 주어 마주 쳐서는 안된다.
〔효과〕 이를 자극하여, 이와 이 주위의 혈액 순환을 개선한다.

④ 설공 (舌功)

혀로, 구강내의 상하 이 밖같쪽을 좌우로 18회 움직인다.
분비된 타액을 삼키지 말고, 다음 절차인 「수진(漱津)」으로 계속한다.

⑤ 수진 (漱津)

① 입을 다문 채, 「설공」으로 생긴 타액을 소리를 내어 가신다. 횟수는 26회.
② 가셨으면 3회에 걸쳐 삼킨다.

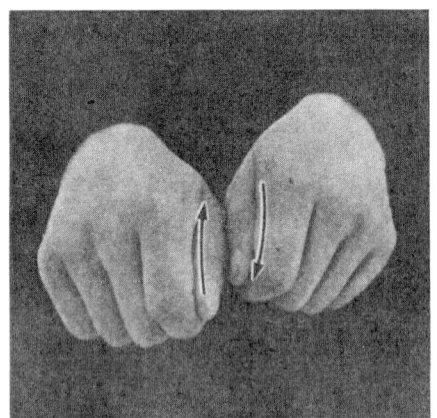

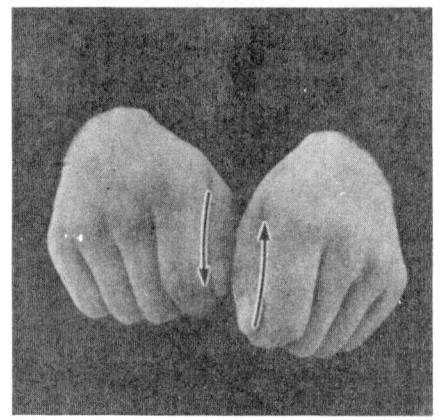

① 엄지의 등을 서로 비빈다

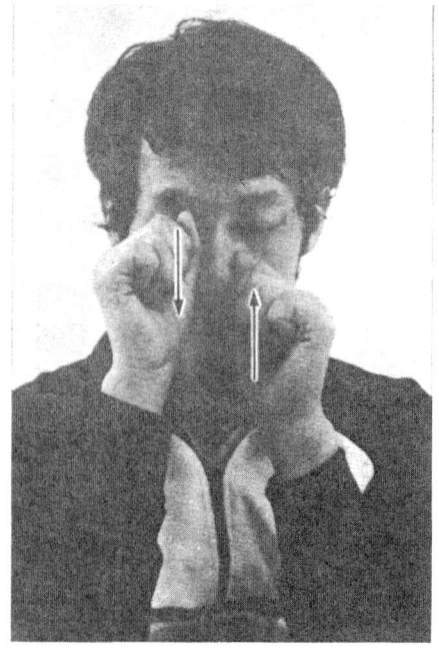

② 코 양쪽을 비빈다

〔효과〕 설공과 수진(漱津)은, 소화선의 분비를 촉진시키고, 위장액 분비를 증가시키기 때문에, 소화 기능을 개선하고, 식욕을 증진시키고, 영양 흡수를 촉진시키는 효과가 있다.

6 찰비(擦鼻)

① 우선, 양손의 엄지 손가락 등 (손등쪽)을 비벼 열을 일으킨다.

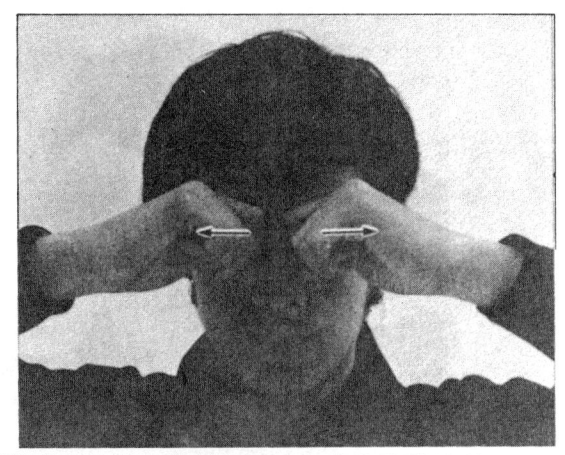

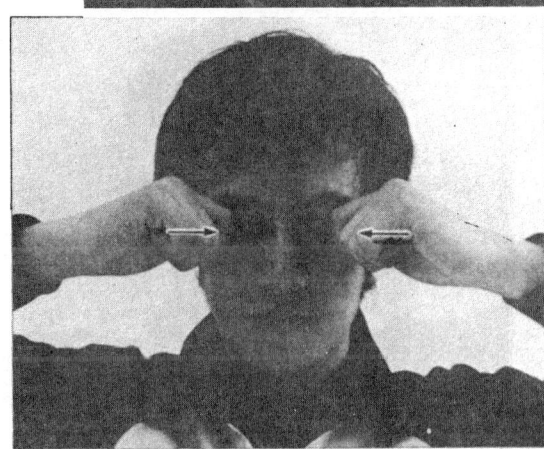

눈꺼풀 위를 가볍게 비빈다

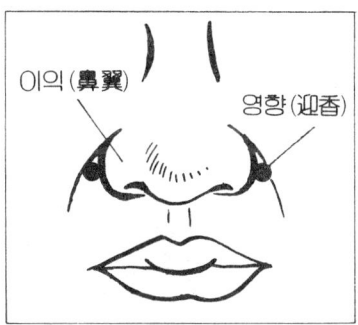

② 그 후, 양손 엄지 손가락 등으로 코를 끼워, 코 양쪽(급소인 영향혈(迎香穴)을 중심으로 하는 주위)을 가볍게 비빈다. 횟수는 18회.

[효과] 윗 호흡길의 저항력을 증강시키고, 감기 예방에 효과가 있고, 게다가 코의 만성병, 알레르기성 비염의 치료에도 유효하다. 비폐(코 막힘)에 대해서는, 특히 현저한 효과를 나타내고 있다.

7 목공 (目功)

① 양 눈을 가볍게 마주 감고, 엄지를 조금 구부려, 양쪽 손가락 등의 관절을 서로 비벼 열을 내어, 양 눈의 눈꺼풀 위를 가볍게 비빈다. 횟수는 18회.
② 또 엄지의 손가락 등을 서로 비벼 발열시켜, 눈썹을 가볍게 비빈다. 횟수는 18.
③ 양 눈을 가볍게 감은 채, 안구를 좌, 우로 18회 움직인다.

[효과] 안구와 안근의 활동을 촉진시키고, 혈액 순환을 빠르게 한다. 눈병의 예방, 치료에 효과가 있으며, 시력을 증진시키는 데도 유효하다.

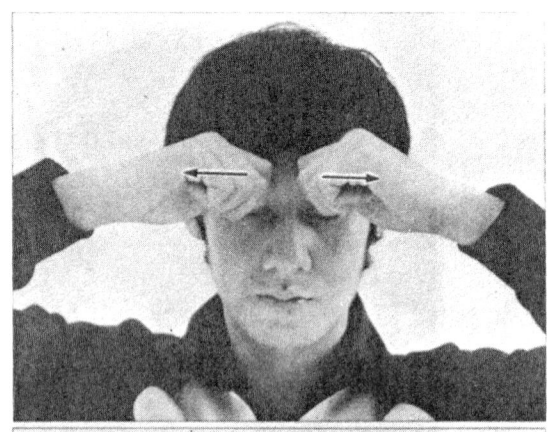

눈썹을 가볍게 비빈다

8 찰면(擦面)

① 양손의 손바닥을 서로 마찰시켜 발열을 내고, 양손의 손바닥으로 앞 이마에서 코 양쪽을 통과하여 아래쪽으로 쓰다듬어 간다.

② 똑바로 아래 턱까지 이르면 이번에는 윗쪽으로 향하여 앞 이마까지 쓰다듬어 간다. 횟수는, 이와 같이 반복하여 상하 합계 36회.

[효과] 얼굴 부분의 혈액 순환을 촉진시키고, 안면의 신경 활동을 원활하게 증강시킨다. 안면의 색이 좋아지고, 혈행이 좋아져 윤택하고, 부드럽고, 빛나게 된다.

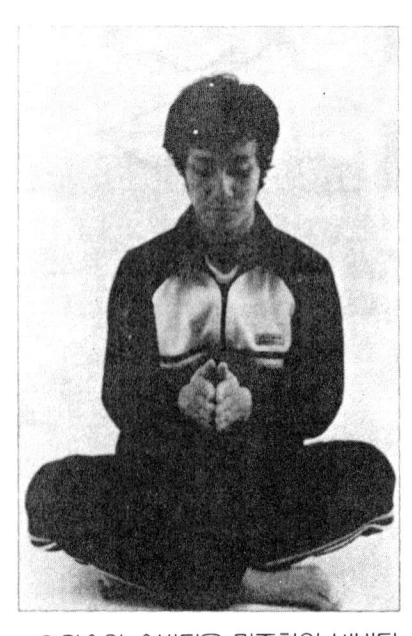

①양손의 손바닥을 마주하여 비빈다

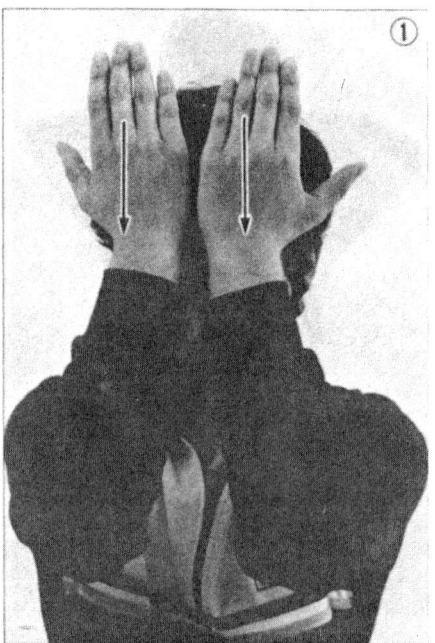
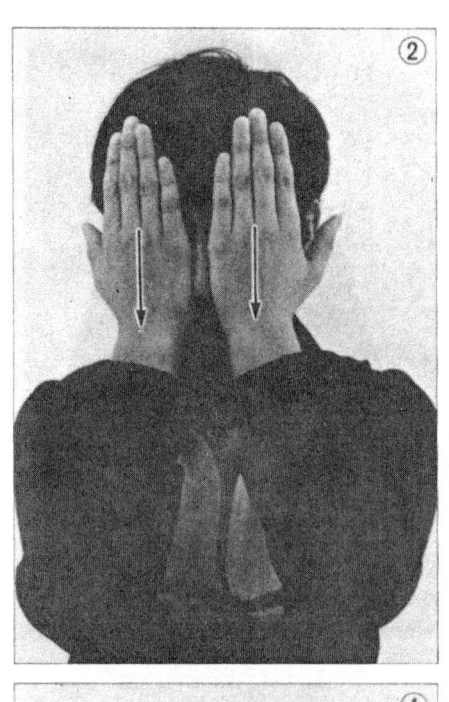
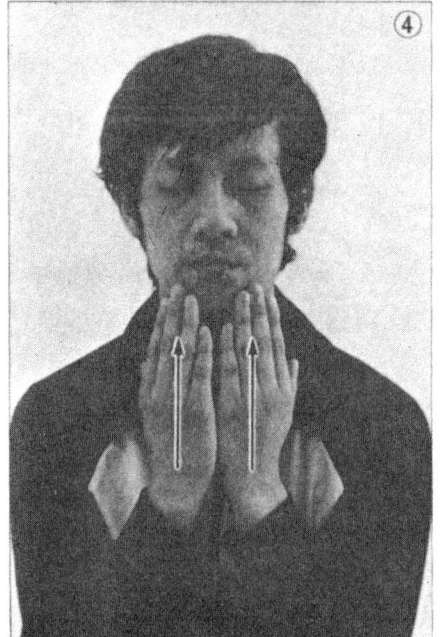
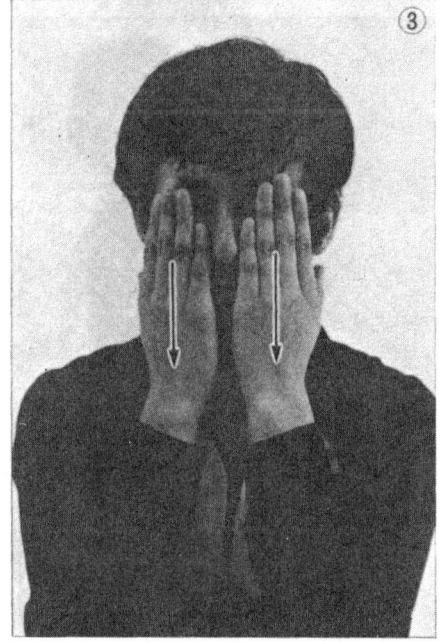

② 앞 이마에서 아래 턱까지 쓰다듬고(①~④), 아래 턱에서 앞 이마로 쓰다듬는다

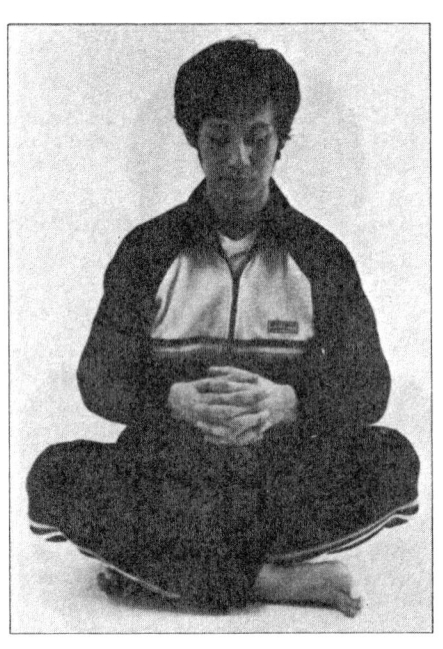
① 양손의 손가락을 교차시킨다

② 후두부(後頭部)를 끼운다

③ 양손과 목과가 저항하며 마주하는 듯한 자세를 취한다.

9 항공(項功)

양손의 손가락을 서로 교차시키고, 후두부를 끼우고, 머리를 젖히고, 양손과 목과가 저항하는 듯한 자세를 취한다. 횟수는 3∼7회.

[효과] 어깨의 통증, 어지러움이 제거되고, 혈액 순환을 보다 좋게하는 효과를 얻을 수 있다.

② 오른손으로 왼쪽 어깨를 주무른다

① 왼손으로 오른쪽 어깨를 주무른다

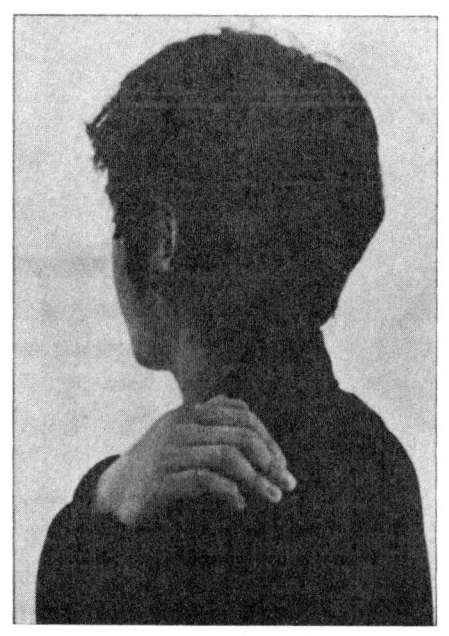
확대 그림

10 유견(揉肩)

① 왼손의 손바닥으로 오른쪽 어깨를 18회 주무른다.

② 오른손 손바닥으로 왼쪽 어깨를 18회 주무른다.

〔효과〕 어깨 부분의 혈액 순환을 촉진시키고, 어깨 관절염과 어깨 관절 주위염(소위 오십견)의 치료와 예방에 유효하다.

② 왼쪽 상지 앞으로 흔들어 내고, 오른쪽 상지 뒤로 흔들어 낸다

① 오른쪽 상지(上肢) 앞으로 흔들어 내고, 왼쪽 상지(上肢) 뒤로 흔들어 내기

측면도

11 협척공(夾脊功)

양손은 가볍게 주먹을 쥐고, 팔꿈치가 90도가 되도록 양 상지(上肢)를 구부리고, 앞뒤로 교호하여 흔들어 움직인다. 횟수는 18회.

[효과] 어깨 관절과 대뇌근의 활동을 촉진시키고, 혈액 순환을 개선한다. 내장 기능의 활동을 증강하는 효과가 있다.

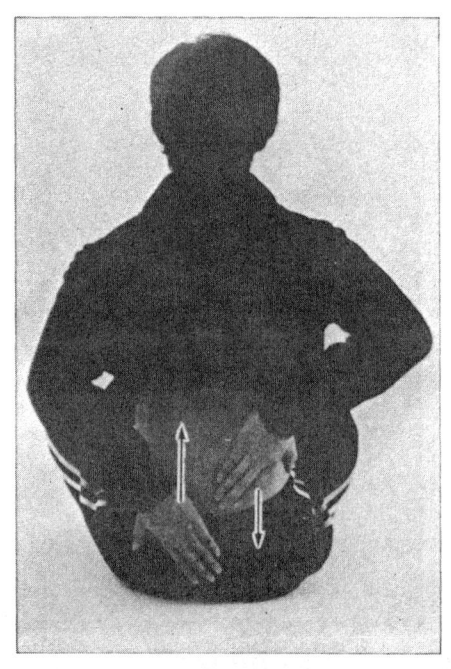

① 양손을 서로 문지른다

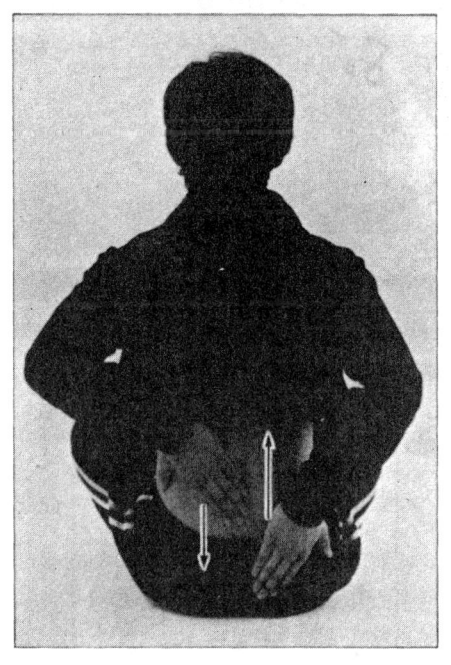

② 허리를 문지른다

12 차요(搓腰)

우선, 양 손바닥을 서로 마주하여 문질러 열을 내고, 열이 난 손바닥으로 허리 양쪽을 문지른다. 횟수는 각 18회이다.
〔효과〕 허리 부분의 혈액 순환을 촉진시키고, 요근(腰筋)의 피로를 푼다. 요통, 생리통, 폐경의 예방과 치료에 그 효과가 있다.

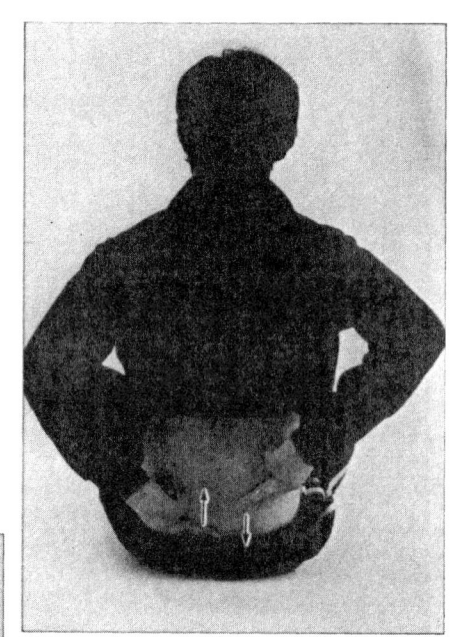

엉덩이 저골 부분을 주무른다

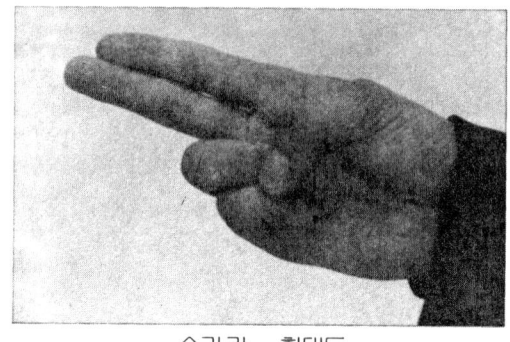

손가락 확대도

13 차미골 (搓尾骨)

양손의 인지와 중지로, 미저골(尾骶骨)의 부분을 문지른다. 횟수는 양쪽 각각 36회이다.

〔효과〕 항문 주위를 자극하고, 그 활동과 기능을 개선하고, 국부의 혈액 순환을 촉진시킨다. 치창(痔瘡) 등의 병의 예방과 치료에 유효하다.

14 찰단전 (擦丹田)

① 양손을 마주하여 비벼 열을 내고, 우선 왼쪽 손바닥으로 태양이 움직이는 방향으로 배꼽을 돌리며, 둥글게 비비며 움직인다. 즉, 우측 하복부→우측 상복부→좌측 상복부→좌측 하복부→우측 하복부로 순환시켜 간다. 횟수는 100회이다.

② 다시 양손을 마주하여 비벼 열을 내고, 같은 요령으로, 이번에는 왼손으로 단

② 왼손으로 배를 쓰다듬는다

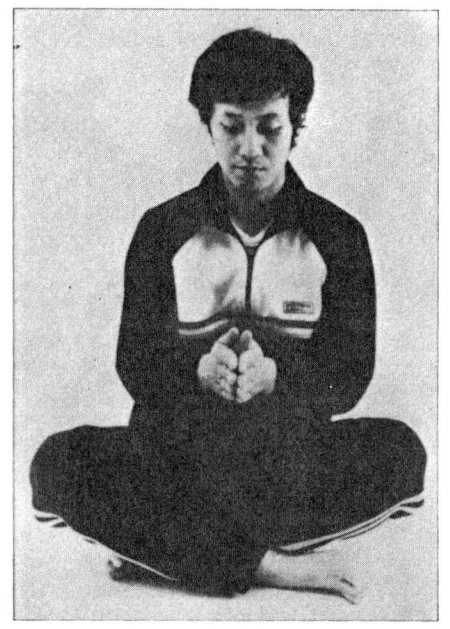

① 양손을 마주하여 비빈다

③ 오른손으로 배를 쓰다듬는다

전 주위를 둥글게 비비며 움직인다. 횟수는 100회이다.

〔효과〕 내장의 기능을 증강시키고, 활동을 조정한다. 위장의 움직임을 돕고, 소화 흡수 기능을 촉진시키고, 변비나 배의 이상을 해제하는 작용도 한다.

또, 조루, 양이 등에도 유효하여, 이 경우는 한손으로 음낭을 감싸고, 한손으로 단전을 하면 좋다. 횟수는 좌우로 각각 81회이다.

이 일찰 일도법은, 강정고신(強精固腎 : 정력을 증강시키고 견고하게 한다) 작용이 있는데, 앞에 기술한 증상에는 특히 효과가 있다.

② 양손으로 무릎을 주무른다

① 안좌한다

15 유슬 (揉膝)

손바닥으로 무릎 관절을 주무른다. 양손 동시에 실시한다. 횟수는 각각 100회이다.

〔효과〕 넓적다리 힘을 강하게 하고, 무릎 관절병을 예방, 치료하는 데에 유효하다.

16 유용천 (揉涌泉)

① 왼손의 중지와 인지로 우측 족심(足心 : 발바닥)을 문지른다. 횟수는 100회이다.
② 다음, 오른손의 중지와 인지로 왼쪽 족심(足心)을 문지른다. 횟수는 100회이다.

〔효과〕 심장의 기능을 조절한다. 머리가 빙빙 도는 어지러움의 치료에도 유효하다.

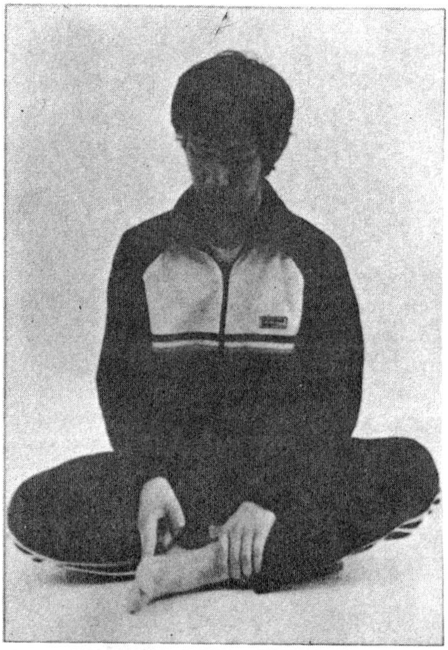

② 오른쪽 중지, 인지로 왼쪽
족심(발바닥)을 문지른다

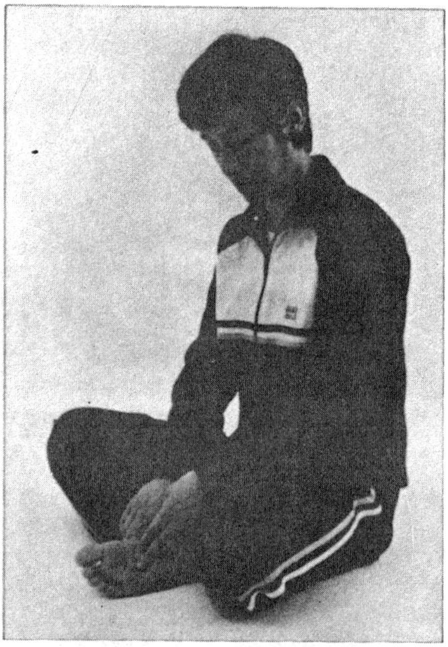

① 왼쪽 중지, 인지로 오른쪽
족심(발바닥)을 문지른다

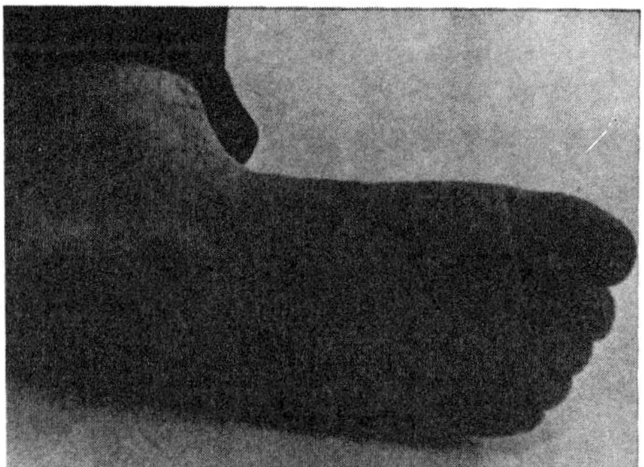

용천의 급소

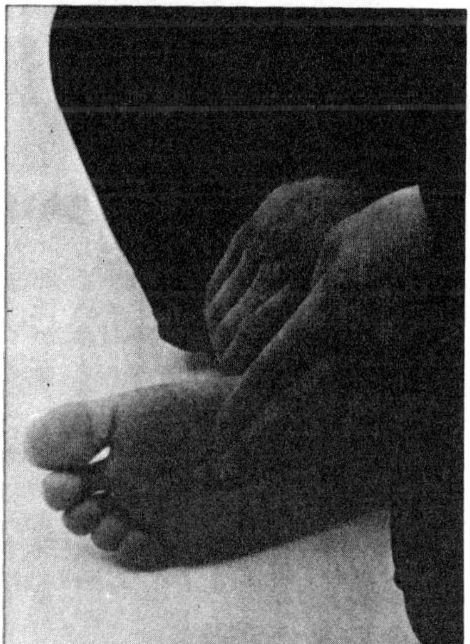

확대도

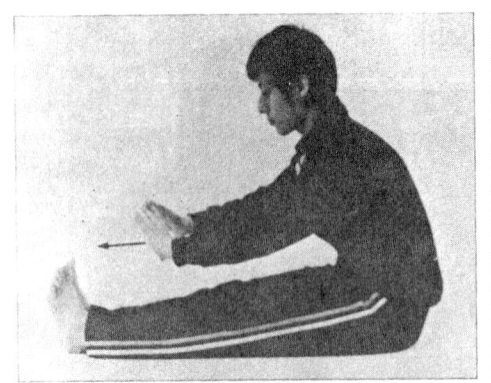 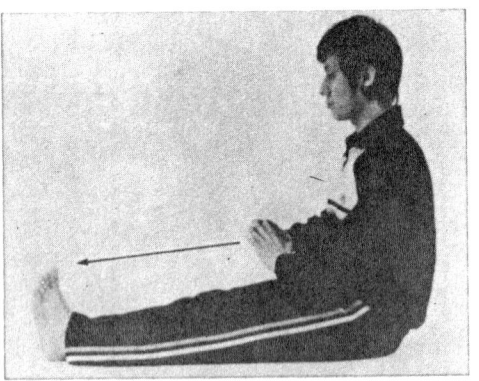

① 발 앞으로 내고 앉아, 양손을 발 쪽으로 내민다

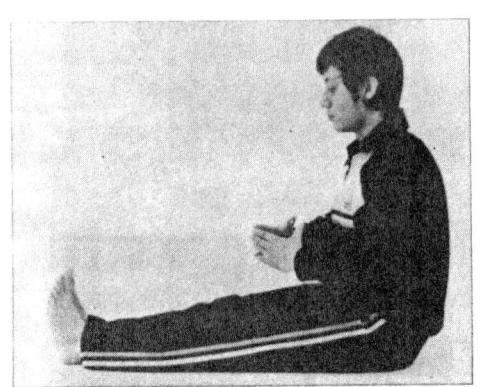 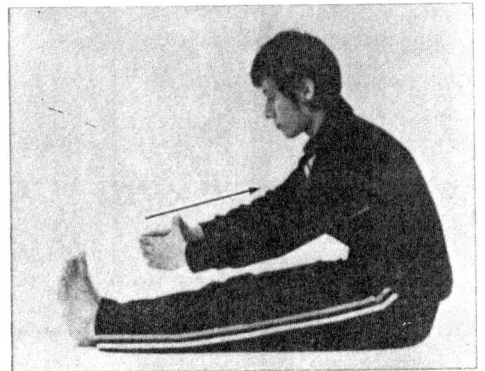

② 양손을 몸쪽으로 이끌어 당긴다

17 직포식 (織布式)

① 양발을 모으고, 똑바로 펴고 앉는다. 발 끝은 앞으로 향한다. 손바닥을 밖으로 향하여 양손을 발 쪽으로 향하여 누르는 자세가 되게 하고, 몸을 앞쪽으로 쓰러뜨리면서, 숨을 토해 낸다.

② 밀었으면 본래로 되돌아 온다. 이 때, 손바닥을 안쪽으로 향하고, 숨을 들이 마신다. 왕복 30회 반복한다.

〔효과〕 전신의 기능을 활발하게 하며, 신진 대사를 촉진시킨다. 특히 허리 부분의 활동 범위가 크기 때문에, 요통과 그와 관계된 부위를 치료하는데 효과가 있다.

18 화대맥 (和帶脈)

자연스럽게 책상 다리를 하고, 양손을 가슴 앞에서 합하여 잡고, 상체를 회전시킨다.

[**효과**] 허리를 강하게 하고 한 방의 신장을 견고하게 하며, 위장의 움직임을 활발하게 하여 소화 흡수를 돕는 효과가 있다.

① 안좌한다

② 좌측에서 우측으로 상체를 회전한다

③ 우측에서 좌측으로 상체를 회전한다

④ 양손을 가슴 앞에서 모아 쥔다

―(1)―

행보공(行步功)의 연공

행보정도 동공(動功)의 일종이며, 상용되는 공법이다. 이 공법은, 걷는 운동과 동시에, 특정의 의념과 호흡을 배합해야 한다.

단련하는 사람은 각자의 신체 상황을 생각하여, 각부의 단련을 실시하든지, 또는 준비식을 실시한 다음 몇 개의 단련을 자유로 선택하여 실시하도록 한다.

① 준비식 (準備式)

(1)의 측면도

──（2）──

① 정신을 통일하고, 호흡을 조용히 하고, 전신을 릴렉스 시킨다.
② 몸은 똑바로 세우고, 양 발을 자연스럽게 어깨 넓이와 같이 벌리고, 가슴은 조금 오목 들어가게 한다. 머리는 좌우로 치우치게 하지 말고 똑바로 하여 아래 턱을 잡아 당기고, 미저골(尾骶骨)을 똑바로 한다. 양 눈은 한줄기 빛이 흘러 들어올 정도로 감고, 앞쪽을 수평으로 보고, 정신 집중하여 잡념을 일으키지 않는다.
③ 마음이 평온해진 다음 시선을 되돌리고, 양 눈으로 자신의 코 끝을 본다. 또는, 양 눈을 가볍게 감고 단전을 내시(內視)한다(마음 속으로 단전을 상상하여 응시하는 것).
④ 혀의 끝을 가볍게 윗턱에 스치도록 한다 (힘을 넣어서는 안된다). 입술을 가볍게 마주하고(강하게 입술을 다물어서는 안된다), 양 손을 자연스럽게 내리고 자연 호흡을 한다.

93

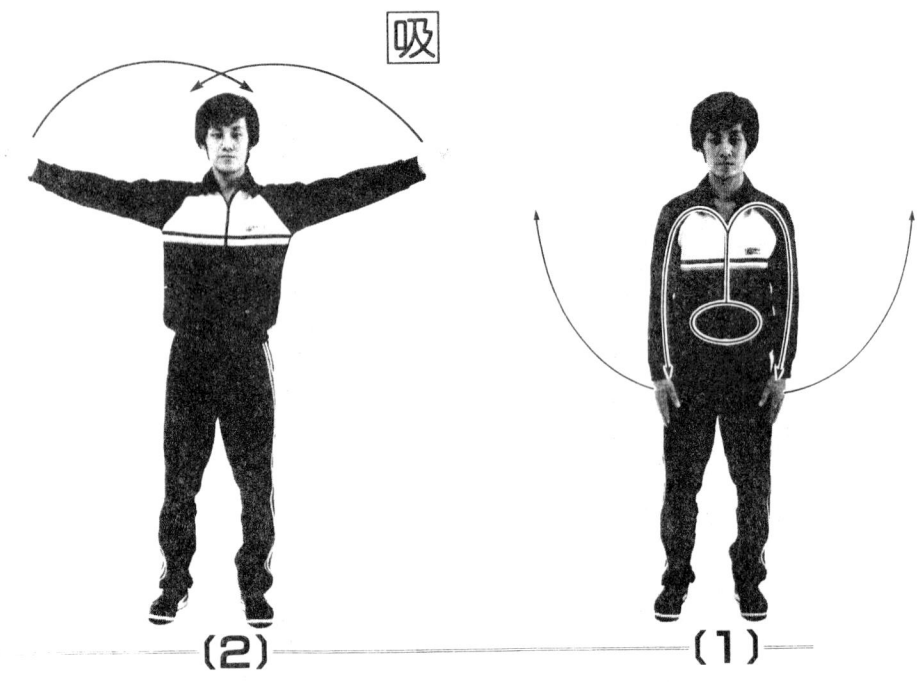

2 토고납신 (吐故納新)

① 준비식(準備式)에서, 의념으로 기를, 단전에서 상지, 양 손으로 이끈다.
② 양손 손바닥을 바깥쪽→위쪽→안쪽으로 원을 그리며 돌리고, 머리의 높이까지 가져 간다.
③ 좀더 안쪽으로 돌리고, 양팔을 교차시켜 아래쪽으로 돌려 내리고, 하복부 앞쪽으로 가져 간다.
④ 양손을 하복부 앞에서 교차시키고, 위쪽→바깥쪽→아래쪽과, 안에서 밖으로 원을 그리며 회전시키는 동작을 8~20회 실시한다.
　호흡은 손을 올릴 때에 숨을 들이 마시고, 내릴 때에 숨을 내 뿜는다(사진 1~7).

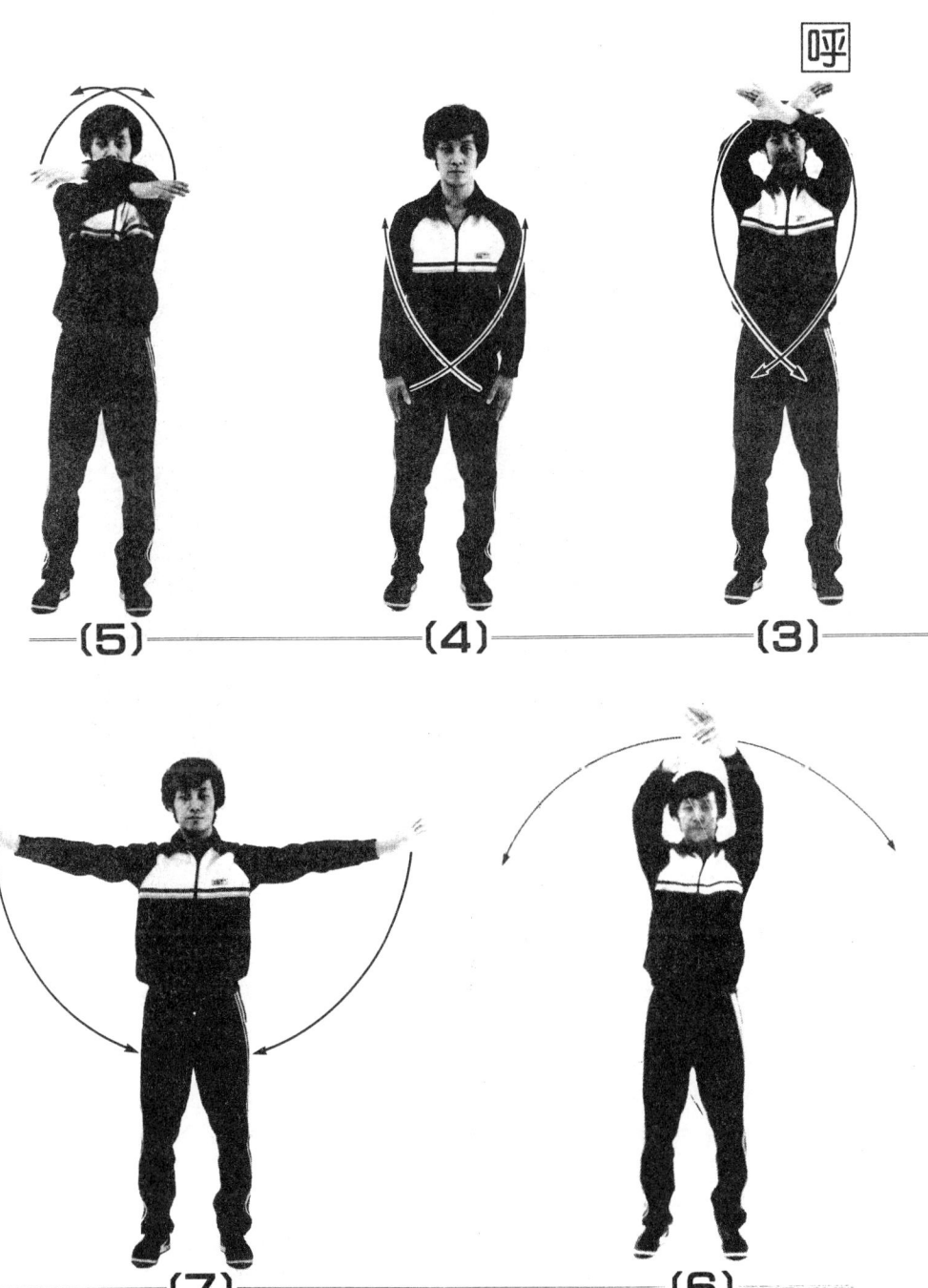

(1)의 확대도

(1)

③ 정보고단전 (定步叩丹田)

① 양손을 가볍게 주먹으로 쥐고, 주먹안(손바닥 쪽)이 중공(中空)이 되도록 한다.

② 왼쪽 주먹의 권심(拳心 : 손바닥 쪽)으로 단전을 치고, 오른쪽 주먹의 권배(拳背 : 손등 쪽)로 뒤 허리의 명문혈(命門穴＝급소) 근처를 때린다.

동시에 호흡을 배합하고, 좌우로 흔들어 치는 동작에 따라 허리도 회전한다. 치는 동작을 가볍고, 자연스럽고, 부드럽게.

치는 횟수는 호흡 횟수와 같아야 한다. 10~20회 연습한다.

한참 단련을 계속하면 체질이 개선되고, 허리 부분을 회전하는 각도도 커지게 되고, 손을 흔드는 각도도 이것에 상응하여 커진다. 척추와 요근(腰筋)의 활동을 증강시킬 수 있다.

(2)의 확대도

(2)

능숙해진 다음에는, 천천히 걸으면서 실시해도 좋다. 이 경우, 걷는 시간, 즉, 연습하는 시간은 5~10분이 적당하다 (사진1~2).

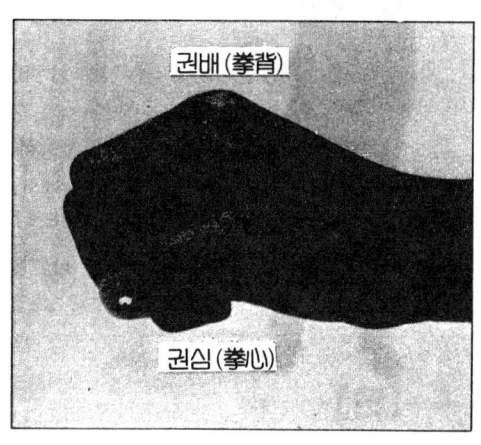

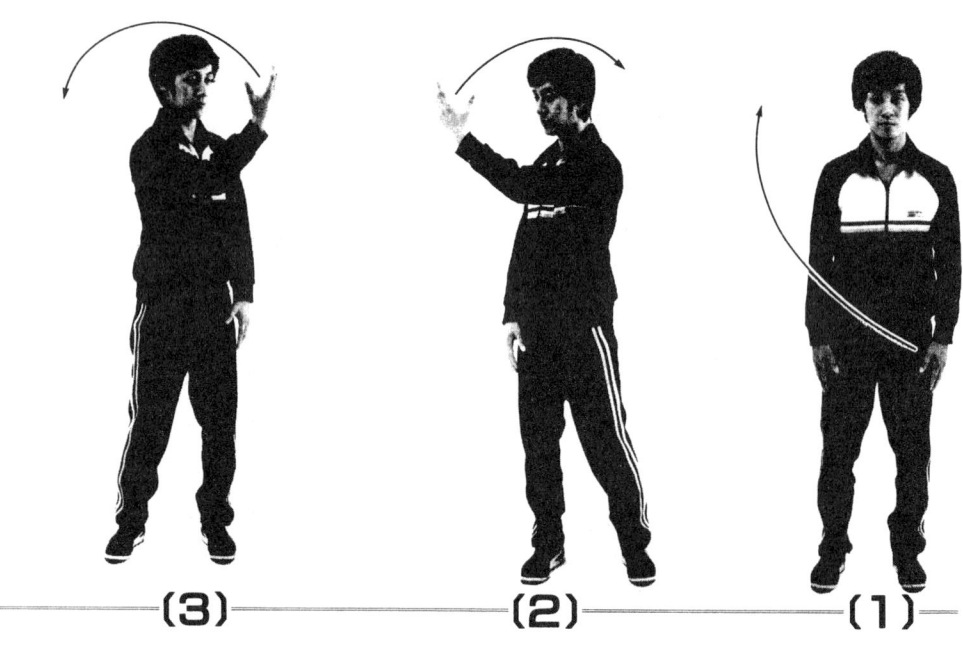

4 간수식 (看手式)

① 우선, 의념으로 기를 왼손으로 이끈다.

② 왼손의 수심(손바닥 쪽:手心)을 안쪽으로 향하고, 아래쪽에서 윗쪽, 좌측으로 원을 그리면서 회전시킨다. 눈은 좌측 손을 주시하고, 시선은 손의 움직임을 따른다.

③ 왼손이 내려졌을 때 오른손을 올리고 양손을 교호하여 상하로, 동시에 허리를 회전한다.

10∼30회 반복한다. 호흡은 손을 올릴 때에 숨을 들이 마시고, 손을 내릴 때에 숨을 내 뿜는다 (사진 1∼8).

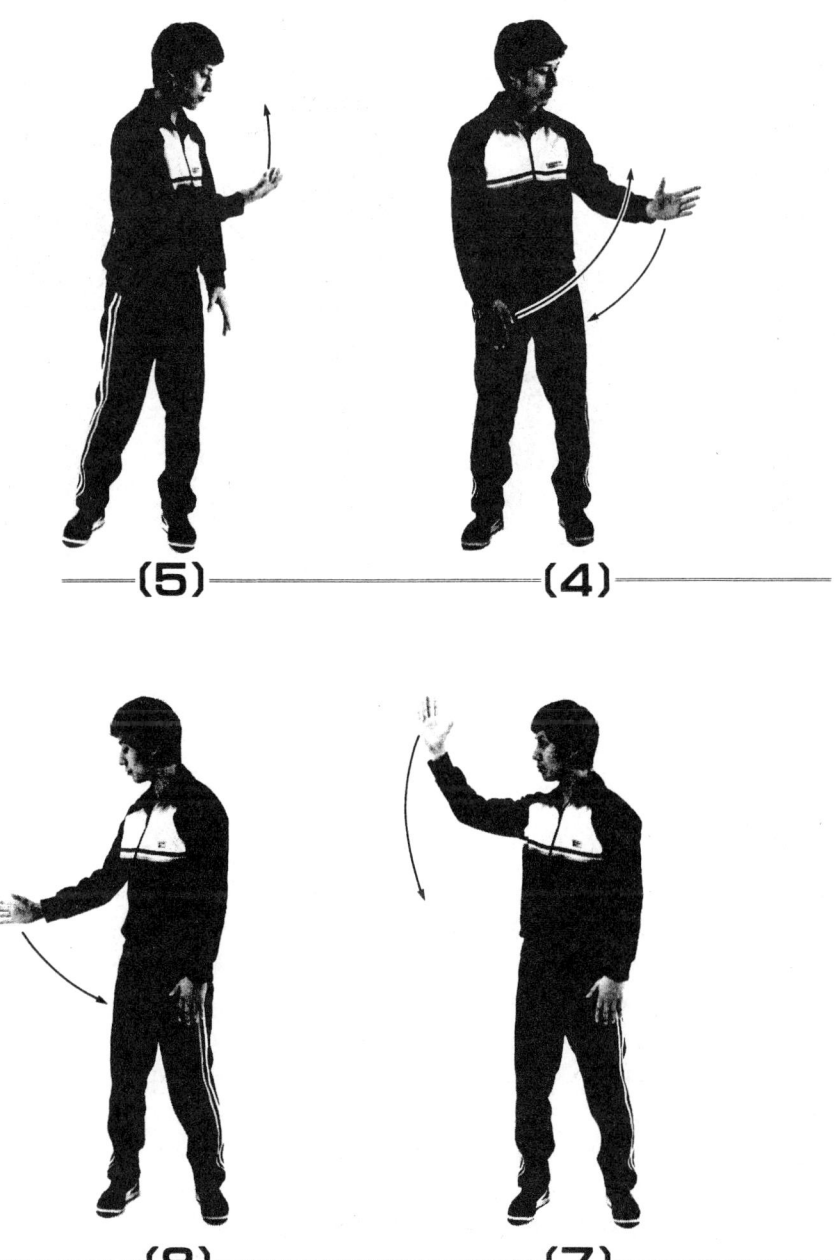

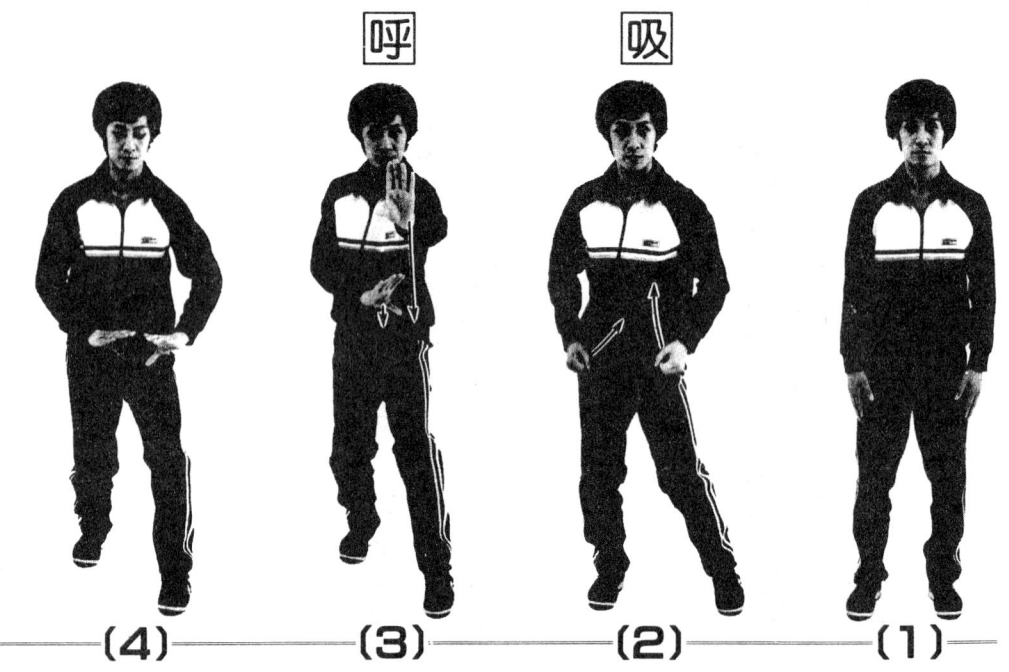

5 행보용(行步樁)

① 정신 집중을 하고 선다. 양 무릎을 조금 구부리고, 체중은 오른발에 싣는다. 동시에 양 손을 주먹으로 쥐고, 흡기(吸氣)하여 기를 발에 침하(沈下)시킨다.

② 왼발을 가볍게 들고, 발끝이 땅에 붙고, 뒤꿈치가 뜬 상태가 되도록 한다.

③ 기를 침하(沈下)시킨 다음, 왼발을 왼쪽 앞으로 1보 내디디고, 발끝이 땅에 닿으면 동시에 양손의 주먹을 수장(手掌)으로 바꾸어(주먹을 펴서) 앞쪽으로 밀어 낸다. 장심(掌心: 손바닥)은 앞쪽을 향하고, 왼손은 오른손보다 높이, 양 팔꿈치는 가볍게 구부리고 있는다.

눈은 왼손을 보고, 왼발을 일보 내디디고 손바닥을 밀어 내는 것과 동시에 숨을 내 쉰다. 어깨와 팔꿈치는 릴렉스시키고, 자연스러운 상태가 되도록 해야 한다.

체중은 약 10분의 7을 뒷발에, 10분의 3을 앞발에 둔다.

④ 왼발을 내디딘 다음, 뒤꿈치를 땅에 대고, 양 손바닥을 내려 복부의 앞쪽을 누른다.

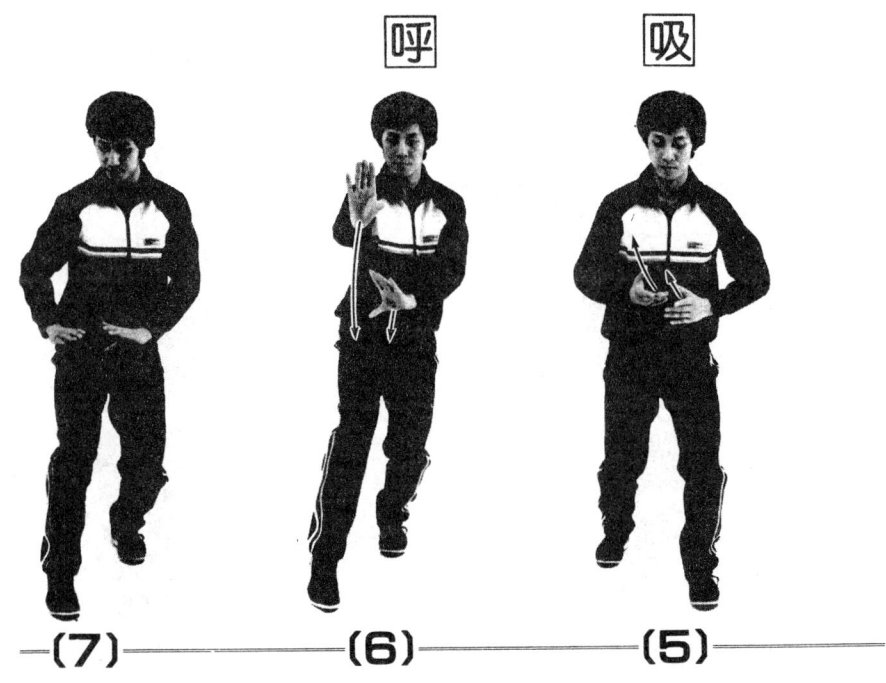

⑤ 체중을 왼발에 두며 동시에 왼쪽 무릎을 조금 구부리고, 양 손을 주먹으로 바꾼다. 동시에 오른발 끝을 접지(接地)한 채로 뒤꿈치를 띄우고 숨을 들이 마신다.

⑥ 오른발을 우측 앞쪽으로 1보 내디디고, 발 끝이 땅에 닿으면 동시에 양손의 주먹을 수장(手掌)으로 바꾸어 앞쪽으로 눌러 낸다. 숨을 내 뿜는다. 이 때, 오른손은 왼손보다 높게 두고, 눈은 오른손을 본다.

체중은 10분의 7을 왼발에, 10분의 3은 오른발에 둔다.

이와 같이 좌우를 상호 교호하며 반복하여 앞쪽으로 걸어가면서 연공(練功)한다. 직진해도 좋고, 둥글게 돌아도 좋다.

동작의 개시는 천천히, 리듬을 확실히 붙이고, 호흡은 배합을 잘하여 실시한다.

연습 시간은 5분 정도에서 시작하여 점차 증가하여 간다. 30분 간까지. 횟수는 매일 2~4회(사진 1~7).

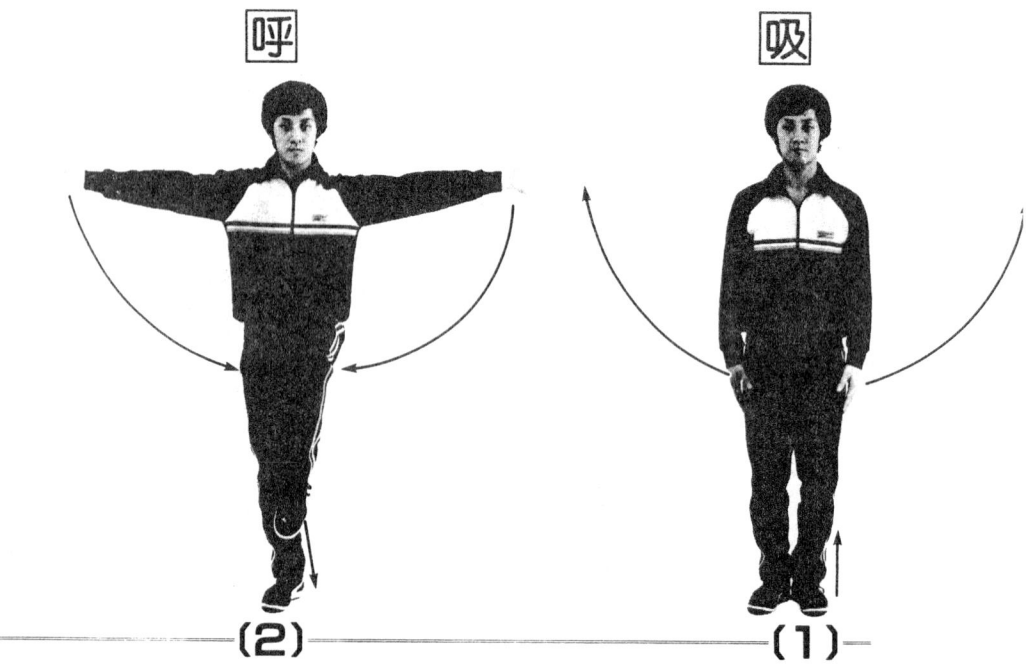

6 조정평형 (調整平衡)

① 양팔을 앞쪽으로 수평이 되게 올리는 것과 동시에, 왼발을 들어 올린다. 왼발은 대퇴부가 지면과 평행이 될 때까지 올리고, 발끝이 아래쪽을 향하여 「금계독립식(金鷄独立式)」이 되게 한다.

호흡은, 팔을 올릴 때 숨을 들이 마신다.

② 다 올린 때에 몸의 움직임을 일시 정지한 다음, 양팔을 내린다. 동시에 숨을 내쉬면서, 왼발을 앞쪽으로 내린다.

③ 양팔을 옆으로 수평하게 올리는 것과 동시에, 오른발을 올려 「금계독립식 (金鷄独立式)」이 되게 한 다음, 움직임을 일시 멈춘 다음, 양팔과 오른발을 내려간다. 요령은, 왼발의 경우와 마찬가지이다.

이 장에서의 연습을 계속한 다음, 걸으면서의 연습으로 전진한다. 처음에는, 천천히 1보 1보 전진해 간다. 호흡은, 발을 올린 때에 숨을 들이 마시고, 내린 때에

呼　　　　　　　吸

(4) 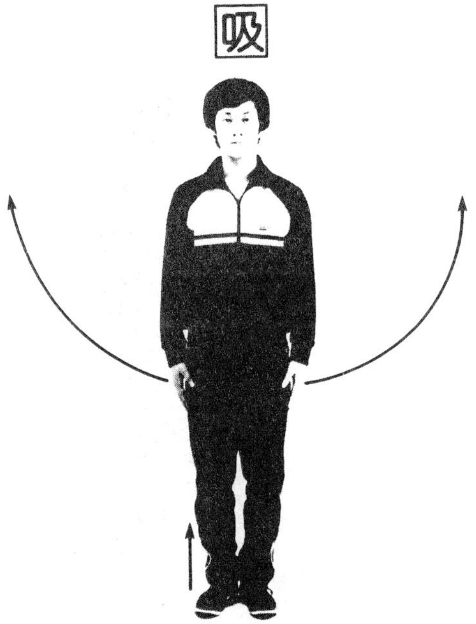　　　　　　　(3)

숨을 내뿜는다.
 손 동작은 그 장에서의 (정보공(定步功))과 같다.
 직진하며 연공해도 좋고, 둥글게 돌리며 연공해도 좋다 (사진 1~4).

(2)의 측면도

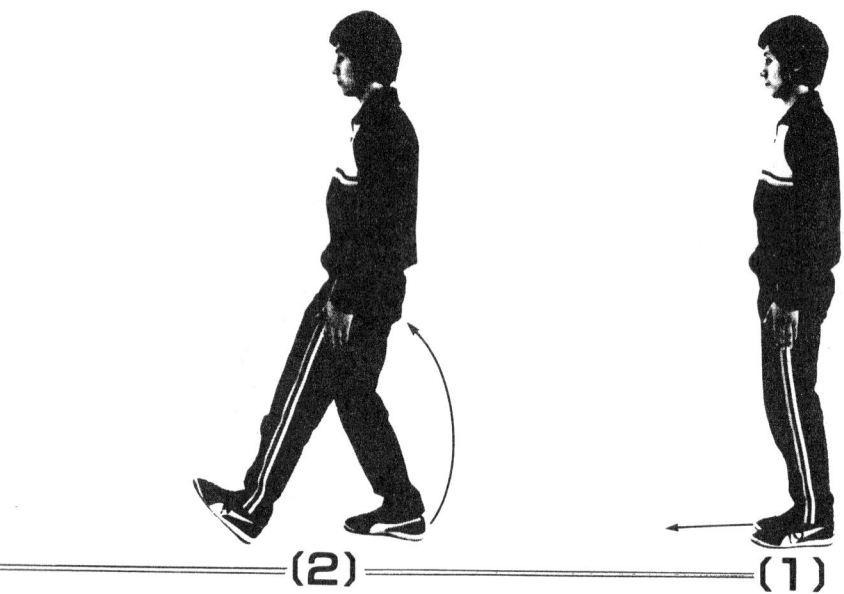

7 족역장강(足踢長强)

① 양 눈은 앞쪽을 평시(平視 : 수평으로 본다)하고, 자연 호흡을 실시하고, 의념을 단전으로 집중한다.

② 왼발을 앞쪽으로 1보 내디디는 것과 동시에, 오른발을 뒷쪽으로 흔들어 올린다. 오른발의 뒤꿈치가 오른쪽 엉덩이 부분에 부딪치도록, 힘을 주어 흔들어 올려야 한다.

③ 흔들어 올린 오른발을 앞으로 1보 내디디는 것과 동시에, 왼발을 뒷쪽으로 흔들어 올린다. 왼발의 뒤꿈치가 왼쪽 엉덩이 부분에 부딪칠 정도로 힘을 넣어 흔들어 올린다.

수일 연습하여, 뒤꿈치가 언제나 엉덩이 부분의 미저골(尾骶骨)에 부딪치고, 부딪치는 소리가 들리게 되면 충분하다.

매일 2~4회 실시하고, 매회 50~100보 걷는다 (사진 1~5).

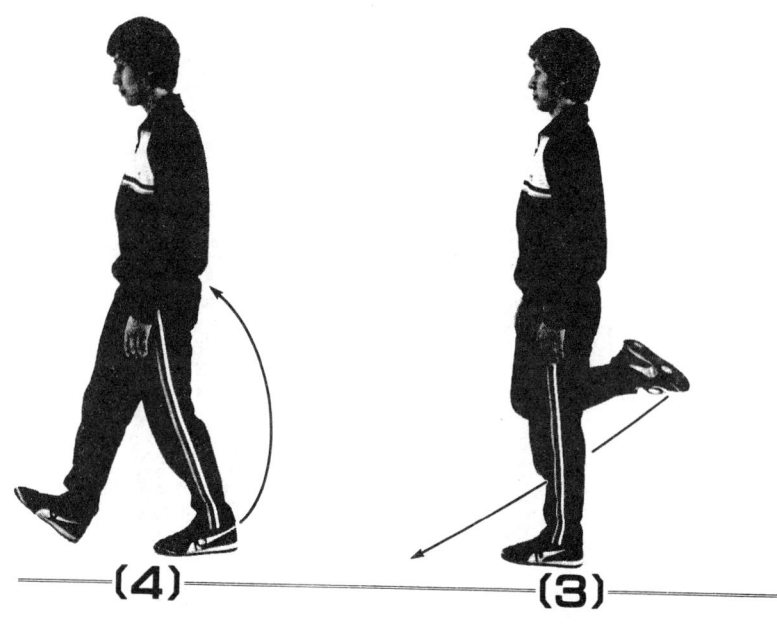

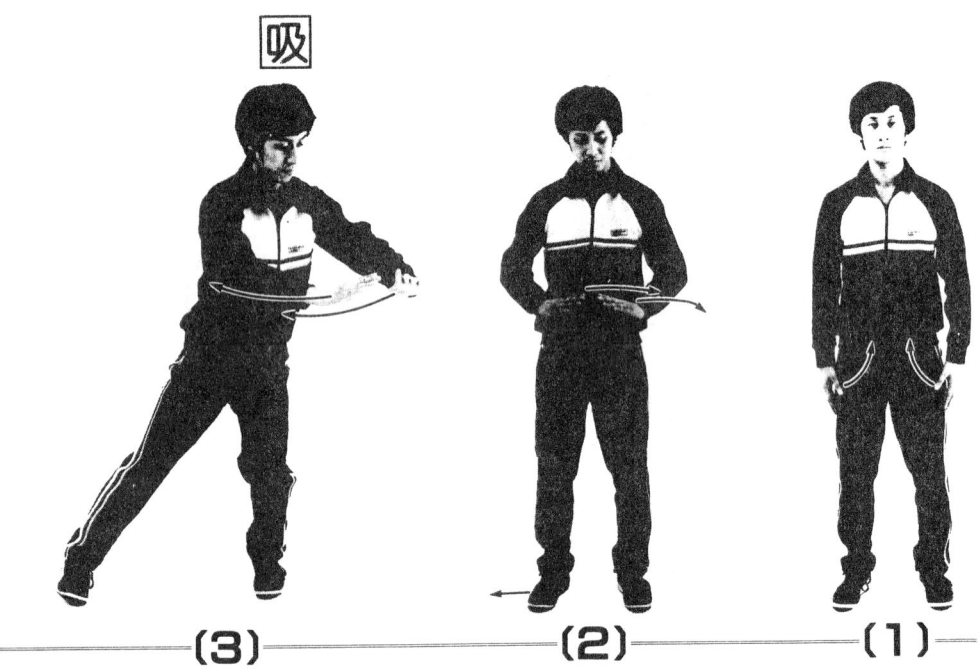

8 평유태극권 (平揉太極圈)

① 의념으로 기를 단전에서 손까지 이끈다.

② 양손을 천천히 끌어 올리고, 배꼽(=급소)의 높이로 가져 간다. 수심(手心 손바닥 쪽)은 아래로 향하게 하고, 호구(虎口: 인지와 엄지 사이)를 상대시켜 태극권의 모양이 되도록 한다.

어깨의 힘을 빼고, 팔꿈치를 내린다. 어깨, 팔꿈치, 팔은 자연스러운 반원형(半円形)이 되게 한다. 넓적다리 관절의 힘도 빼고, 엉덩이를 당기고, 양 무릎을 가볍게 구부린다.

③ 양손을 수평하게, 왼쪽 앞쪽→앞쪽→우측 앞쪽으로, 주무르듯이 원을 그려간다.

양손을 왼쪽 앞쪽으로 주물러 낼 때 체중을 왼발로 옮기고, 양손을 우측 앞쪽으로 주물러 낼 때 왼발을 끌어당겨 나란히 한다.

태극도

　　호흡은, 양손을 왼쪽 앞으로 주무르며 낼 때 숨을 들이 마시고, 원을 그리며 복부 앞쪽으로 낼 때에 숨을 내 쉰다. 숨은, 단전으로 이르도록 해야 한다. 하복부에 충실감이 있으면 합격이다.

　　숨을 내 뿜을 때는, 하복부가 오목해져야 한다. 호흡은 깊고 길게, 동작은 가볍게, 움직이기 시작하면 전신이 움직이고, 고요해지면 전신이 멈추고 하는 등의 동(動) 중에 정(静)을 요구하며 정(静) 중에 동(動)을 요구한다 (사진 1~9).

연공(練功) 과정
중의 주의 사항

-연공과 환경

정공(靜功)을 연습할 때는, 정숙한 환경, 또는 실내를 주의 깊게 선택해야 한다. 이것은, 초보자에게 있어서는 특히 중요한 것이다.

왜냐하면, 정숙한 것이 연공하여 입정하는 데에 상당히 유리하기 때문이다. 길게 연공하면, 환경이 그다지 안정되지 않아도, 그 간섭을 배제할 수 있다. 그러나 그것은, 조금 깊게 단련한 다음 비로소 도달할 수 있는 경지인 것이다. 따라서 초보자는, 환경에 충분히 주의해야 한다.

또, 연공중, 특히 입정한 후는, 주위의 환경에 한층 주의를 기울여, 큰소리 싸움, 외치는 소리, 또는 귀를 거슬리는 큰 소리를 피하여야 한다.

이들의 갑작스러운 자극은, 연공자를 놀라게 하고, 정신을 긴장시켜, 기분을 흐트러뜨린다. 경우에 따라서는, 수일에서, 대부분의 경우는 십수일 안정하고 연공할 수 없게 된다.

이 외, 연공자는, 입정 후에 환청(幻聽), 환시(幻視) 등의 현상이 일어나는 것도 미리 알아 두어야 한다. 이것은 유해(有害)하지 않으므로 개의치 말고, 열심히 정신을 안정시켜 유지할 것. 그렇게 하면, 커다란 영향을 받는 일은 없다.

-연공의 시간

연공의 시간은, 연공자의 병 상태, 체질, 일, 휴식 등의 구체적인 상황을 생각하여 적당하게 안배하도록 한다.

병이 조금 무겁고, 기공으로 치료하려고 하는 사람은 1일 4~6회, 매회 1시간 실시한다. 일반적으로는, 기상 후와 취침 전에 각 1회, 오전과 오후에 각 1~2회.

입원 중이라면, 매일 최저 4회(1회 1시간) 연공한다.

반은 휴식하고 반은 일을 하는 사람이라면, 매일 3~4회 연공한다. 아침, 밤, 휴식 시간에 각 1회.

병이 가볍고 하루 종일 일을 하는 사람으로, 치료를 보다 강고(强固)하게 하고 싶어하는 사람이라면, 매일 2~3회, 아침, 점심, 저녁의 휴식 시간을 이용하여, 매회 30분~1시간 실시한다.

－연공법의 선택

기공을 연습할 때는, 각자의 체질, 또는 병의 종류에 맞는 공법을 선택해야 한다. 몇 개의 예를 들어 보겠다.

고혈압일 때는, 방송공을 기초 공법으로 하고, 숙련 후에 내양공・연 호흡법을 첨가하여 연습하면 좋다. 호기(呼氣)를 강하게, 부교감 신경을 흥분시킴으로써, 현저한 강압(降压) 작용이 있기 때문이다.

위궤양, 십이지장궤양, 폐결핵 등의 병에는 내양공을 선택한다.

신경 쇠약에는 강장공을 사용한다.

유정(遺精), 조루(早漏)에는 강장공을 선택하고, 침상의 보건공(保健功)을 첨가한다.

위궤양과 신경 쇠약이 병행되어 있는 경우는, 위궤양의 치료를 주로 하여 우선 내양공을 사용하고, 위궤양이 안정된 다음, 신경 쇠약이 호전되지 않으면, 강장공을 첨가하여 적당히 교차한다. 내양공의 연공과 동시에 위궤양도 신경 쇠약도 호전되면 그대로 내양공을 계속하는 것이 좋다.

그 외, 복잡한 병에 걸려 있는 경우도, 이 원칙에 비추어 공법을 선택할 필요가 있다.

신체가 허약하여 마른 사람은 어떤 병에 걸려도 모두 내양공을 선택하는 것이 좋다. 이 공법은 영양 흡수 기능을 개선하고, 체질을 강화하는 효과가 있기 때문이다.

비만인 사람의 대부분은 강장공을 선택해야 한다. 특히 참공(站功), 행보공(行步功)이 유효하다. 내양공의 연공을 실시해서는 안된다.

－연공과 음식・영양의 조절

기공 치료 중에는, 음식 조절과 영양을 적당히 증가시키는 것도 주의를 기울일 필요가 있다. 그렇게 하는 것에 의해, 기공 치료의 효과는 더욱 높아진다.

연공을 실시하고 있으면, 깊이 길게 호흡하는 것에 의해 횡격막의 상하 운동 폭이 넓어진다. 그 결과, 내장을 맛사지하는 작용이 생겨 위장의 운동이 촉진되고, 신진 대사가 왕성해져 식욕이 증진한다. 이 시점에서 시간을 옮기지 말고 음식물을 보급하여, 위장 기능의 정상적인 움직임을 보호해야 한다.

만일, 연공 중에 기아감(飢餓感)이 생겼는 데도 불구하고, 시기를 맞추어 음식물을 보충하지 않고, 식욕을 채우지 않고 지나치는 경우, 식욕은 서서히 소실되어 버린다. 이것은 병 치유와 체질 개선에 악 영향을 미친다.

음식물의 선택은 그 때의 조건에 근거하여, 스스로 조정해도 지장없다. 조건이 허락되면, 고기, 계란, 생선 등의 영양이 풍부한 음식물을 많이 섭취, 체질을 증진시키는 것이 바람직하다.

비만인 사람, 고혈압 환자, 심장병 환자는 체중이 너무 늘면 건강 회복에 악 영향을 주므로 반드시 적당하게 식사량을 억제하고, 야채, 과일로 대치하도록 한다.

-연공과 식사 시간

다음의 두 가지 점을, 우선 명심하기 바란다.
「공복시 내양공을 연공하지 말 것」
「식후에 강장공을 연공하지 말 것」
내양공은, 위장의 기능을 현저하게 강화한다. 이것은, 소화계의 병에 걸린 사람에게 있어서 중대한 의미를 갖고 있다.

공복에 연공하면, 위장은 공허한 상태로 있기 때문에, 보다 기아감이 증대한다. 이것은, 연공으로 입정(入靜)하는데에 큰 장해가 된다.

내양공은 또, 위장의 소화 흡수 기능을 촉진하기 때문에, 공복인 채 연공을 하면, 그 효과도 기대할 수 없게 된다.

한편, 식후에 강장공의 연공을 실시해서는 안되는 것은 이하의 이유 때문이다. 강장공의 대부분은 반좌식(책상 다리 자세)을 취한다. 식후면, 상복부가 보다 만복상태가 되어, 반좌식에 의한 기침(氣沈) 단전에 장해가 된다.

따라서, 강장공은 식후 1시간 정도 지난 후 연공하도록 한다.

또, 위하수, 또는 위장 기능이 저하되어 있는 경우, 식후에 참공(站功:서서 실시하는 연공)이나 행보공(걸으면서 실시하는 연공)을 연공하는 것은 좋지 않다.

식후에 참공(站功)이나 행보공을 연공하면, 위가 하수하는 힘을 증가시킨다. 이 결과, 음식물이 위에서 장으로 움직일 때에 악영향을 미쳐, 증상을 가중시킬 가능성이 있는 것이다.

-증상이 무거운 사람의 연공

증상이 조금 무거운 사람은, 일을 중단하고 생활의 세세한 것으로부터 가능한 한 떨어져 연공에 전념해야 한다.

중국에 있어서는, 조건이 맞으면 기공 전문과나 부설 의료 기관에서 연공하고, 의사의 지도를 근거로 요정(療程)을 단축시킬 수 있고, 치료 효과를 높일 수 있다. 그러나, 우리에게는 그것은 불가능하다. 의료 기관에서 기공이 가능하지 않으면, 가정에서 자신이 연공하면 된다. 조용한 방을 찾아, 비교적 안정된 시간을 골라 단련을 전진시켜 나가면 되는 것이다.

병이 조금 무거운 사람, 병은 무겁지 않지만 유정, 조루 등인 사람, 여성이라면 자궁내막염, 자궁 경미란 등의 환자는 모두 엄격하게 섹스를 피해야 한다.

섹스는 대뇌에 강렬한 흥분을 일으키고, 신체의 기능에 일정의 소모를 가져오며, 건강 회복에 악 영향을 미치기도 한다.

기공의 오랜 연구가들은, 연공자에게 섹스의 100일간 정지를 요구했었다. 이것에는 일정의 도리가 있었던 것이다.

상설(詳説)·기공(気功)의 3원칙

- 조신(자세)의 문제

자세는 기공 연공 중 중요한 요소의 하나이다. 병, 체질, 생활 습관, 연공의 진전도에 비추어, 그것에 맞는 자세를 선택해야 한다.

《자세와 생리 기능》

자세는, 신체의 각 장기의 기능에 일정한 영향을 미친다. 위를 예로 하여 여러 가지 자세가 위의 기능에 어떤 영향을 미치는가 살펴보기로 하겠다.

입식(立式) = 위의 기능이 정상인 사람은, 위의 내용물이 위체, 위저, 십이지장의 모두에 차고, 연동도 리드미컬 하며, 통과, 배출 기능도 양호하다.

위하수·십이지장 궤양 등에 힘이 없는 위는 연동이 느리다. 이와 같은 위의 연동 기능이 저하되어 있으면, 위 내용물은 위 전체로 충만되기 쉽고, 그 대부분은 하부 십이지장 부분에 모여, 경중의 차이로 이상하게 역행을 한다.

따라서, 위 기능이 저하되어 있는 사람이나 소화 불량인 사람은 이 자세를 취해서는 안된다.

우측와식(右側臥式) = 위체 상부의 위치가 높고, 좌측 밖의 윗쪽에 있고, 유문(幽門)과 십이지장은 회전하여 뒤의 윗쪽으로 온다. 위의 내용물은 동력 관계에 의해, 대부분이 위체 하부에 집중하고, 내용물의 배출은 조금 순조롭다.

따라서, 특히 위의 긴장력, 연동 기능이 저하되고, 내용물을 배출하기 힘든 사람은 이 자세로 연공하면 큰 효과를 볼 수 있다.

좌식(坐式) = 위의 형의 변화는, 입식과 기본적으로 같고, 내용물도 입식과 거의 비슷한 위치에 있다.

적은 경우이지만, 입식보다 복부의 내압이 조금 높고, 위의 긴장력이 조금 증가하는 경우도 있다.

《자세의 선택》

이제까지의 설명으로, 자세가 생리 기능에 주는 영향에 대해서는 어느 정도 이해했을 것이라고 생각한다. 자세의 선택은, 기본적으로는 이것에 의하는데, 자세와 질병의 관계는 상대적인 것으로, 임상 실험을 통하여 자세를 선택할 필요가 있다.

와식(臥式) = 다음과 같은 경우는, 와식을 주로 한다.

① 노인으로 기가 약하고, 병이 조금 무거운 신체 허약한 사람.

아침 일찍, 모두 모여 단련하는 중국 사람들

② 위의 근육에 힘이 없고, 위장 연동이 완만하여, 위 내용물의 배출이 오래 걸리고, 체액 순환에 장해가 있는 사람.

③ 소화성 궤양, 위하수, 폐결핵, 심장병 등의 사람.

와식은 힘을 조금 세이브 하고, 과도의 피로를 막기 때문이다. 또, 와식은, 위장 연동의 증강에 효과가 있기 때문에, 식욕 부진인 사람은 식욕을 증진시킬 수 있다.

입식(立式) = 다음과 같은 경우는, 입식을 주로 한다.

① 신체의 상태가 비교적 좋고, 증상이 가벼운 사람, 병의 회복기에 있는 경우.

② 위장 연동이 항진하고, 흉부·늑골부가 당겨지고, 머리가 눌리는 듯한 불쾌감이 있고, 근육 단련을 하고 있지 않는 사람.

③ 신경 쇠약, 고혈압, 와식으로는 잠이 드는 사람.

좌식(坐式) = 극도의 쇠약자를 제외한 대다수의 연공자는 마찬가지로 채용할 수 있다.

《연공 자세에 대한 요구》

자세의 종류는 참식(站式), 좌식, 와식, 궤식, 행식 등이 있는데, 어느 자세이거나, 연공시는 일정한 자세를 유지한다고 하는 조건에 준하여 자연스럽게 릴렉스 해야 한다.

좌식(坐式) = 자연반슬좌(自然盤膝坐), 단반슬좌(単盤膝坐), 쌍반슬좌, 좌목등(坐木登 : 나무를 허리에 대고 앉는다) 등이 있다.

강장공의 연공에는, 대부분은 자연반슬좌나 단반슬좌를 사용한다. 마스터하는 것은 비교적 용이하며, 체질이 양호한 사람에게 적합하다.

와식 연공을 한동안 하면, 체질 회복기에 있는 사람에게는 적합하지만, 이 경우는 앉을 때 엉덩이 아래에 부드러운 이불(방석)을 깔고, 엉덩이 부분의 불쾌감과 저림을 줄이도록 한다.

처음 좌식으로 연공할 때는, 시간이 지남에 따라 하지가 저려 불쾌감이 생긴다. 이 때는 하지의 상·하를 번갈아 끼워도 좋고, 서서 한동안 활동을 한 다음 또 연공을 해도 좋다. 저림이 심할 때는 자신이 맛사지해도 좋다.

연공 시간이 길어짐에 따라, 서서히 적응할 수 있게 된다.

좌목등으로 연공할 때는 무릎 관절의 각도를 90도로 한다. 90도 보다 크면 발 아래로 대을 두고, 90도 보다 작으면 엉덩이 아래에 방석을 깔아 조절한다.

이 외, 등 받이가 있는 소파를 사용한 반좌식도 채용할 수 있다. 양 발을 늘여 펴고, 양 손은 자연스럽게 소파의 팔굽 걸이 위에 얹고, 머리는 등받이에 둔다. 신체 허약자나, 반좌로 피곤해진 후는 이 자세가 적합하다.

와식(臥式) = 앙와(仰臥), 측와(側臥), 반와식(半臥式)의 세가지 종류가 있다.

앙와식의 두부(頭部)는 조금 높인다. 이렇게 하면 비교적 기분이 좋고, 호흡의 유통도 좋다.

측와식(側臥式)에는, 좌측와(左側臥)와 우측와(右側臥)가 있다. 식후의 연공은, 우측와위(右側臥位)를 취하여야 한다. 그렇게 하면, 음식물이 유문을 통과하여 장내에 달하는 데에 좋다. 이외의 시간은 좌로도, 우로도 좋으며, 좌우 교호하여 연공해도 괜찮다.

측와식, 앙와식으로의 단련은 딱딱한 널판지 베드를 이용하는 것이 좋다. 스프링 베드나 소파 베드 등에서는 정확한 자세를 유지하기 어렵기 때문이다.

반와식(半臥式)은, 베드 위에 누워 머리, 등 부분에 무엇인가를 대어 높게 하고, 양 하지를 자연스럽게 늘여 벌리고, 양 상지를 동체(胴体)의 양쪽에 둔다.

앙와위, 측와위는 연공 개시자나 신체 허약자에게 적합하다. 2~3주간 연공한 다음, 호흡법을 기본적으로 마스터하고, 체질이 증강하여 감에 따라, 서서히 좌식을 늘여간다.

이후는, 좌식과 와식을 교호하여 실시해도 좋고, 좌식만을 연공해도 괜찮다. 만일, 좌식에 익숙해지지 않으면, 와식을 장기에 걸쳐 실시해도 좋다.

《자세의 조절과 배합》

하나의 병에, 반드시 하나의 자세를 사용한다고는 한정할 수 없다. 여러 종류의 자세를 교호하여 사용하는 경우도 있다. 그 경우, 자세를 어느 정도 배합하는가는 객관적인 상황에 의하여 결정한다. 그 원칙은 대개 이하의 기술과 같다.

☆ 하나의 자세로 계속하여 연공하고, 일시가 지나 신체 기능에 피로를 느끼거나, 불쾌한 감각이 있으면 - 예를 들면, 좌식으로 연공하고 있다가, 다소 피로를 느껴, 측와식으로 연공하여 하측의 근육이나 동체에 압박을 받아, 결림, 저림, 통증 그 외의 불쾌감을 쉽게 느끼거나, 혹은, 어느 자세든지 불쾌한 증상이 나타나면 - 연공에 영향을 주기 때문에, 그 시점에서 다른 자세로 바꾸어 불쾌한 증상을 제거할 것을 생각하지 않으면 안된다.

☆ 병이 다양화되어 있는 경우, 사람에 따라서는 다른 자세를 사용하여 조절·배합하고 수정하지 않으면 안된다.

어른과 함께, 소녀도 열심히 연공에 힘쓰고 있다

예를들면, 위하수에 고혈압을 동반하고 있는 경우, 위하수에 대해서는 와식이 보다 효과적이며, 고혈압에 대해서는 참식(站式)이 보다 효과적이기 때문에, 이 두 가지 자세를 조절, 배합하여 사용한다. 라고 하는 경우가 있다.

☆ 일부이기는 하지만, 와식으로 연공하면 쉽게 피곤해지는, 그래서 자는 사람이 있다. 그러한 사람은, 연공의 후반을 와식에서 좌식이나, 입식으로 바꾸는 것이 좋다. 또, 좌식으로 연공할 때, 대뇌 피질의 흥분도를 저하시키기 때문에, 후반의 연공을 좌식에서 와식으로 바꾸는 것도 좋다.

자세의 상호 조절·배합은 개인의 자세에 대한 적응성, 병의 특성, 임상 증상, 병에 대한 치료의 중점 등으로 총합적으로 판단하여, 융통성 있게 운용해야 한다.

조절·배합의 형식은 다양하며, 수십분의 1회의 연공 중에 2개의 자세를 교대하며 사용해도 좋고, 또 1일 횟수의 연공 중에 다른 자세를 1~2회 첨가해도 상관없다.

자세의 적응화는, 일상의 생활 습관에도 관계가 있다. 어떤 사람은 좌측와식을 좋아하지만, 어떤 사람은 입식이나 좌식 쪽이 기호에 맞고 하기 쉽다고 하는 것과 같이, 각인에 의해 다른 것이다. 따라서, 질병 치료에 영향이 없다고 하는 조건이 만족된다면, 개인 생활 습관을 충분히 고려하여, 자연스러운 기분이 느껴지는 자세를 채용하면 된다.

- 조식(호흡)의 문제

호흡의 조정도 연공 과정 중의 중요 요소의 하나이다. 운용의 목적을 달성하면 치료를 돕는 결과가 되지만, 운용을 잘못하면 효과는 기대할 수 없게 된다.

《호흡과 정돈(停頓)》

호흡(숨을 쉬는 것)은 자연스럽게, 하나 가득히 너무 많이 들이 마셔서는 안된다. 부드럽고, 섬세하고, 평온한 정도가 좋다. 하나 가득 들이 마시면, 호흡은 쉽게 절박해지고, 호흡을 잠시 정지하는 「정돈」이 하기 어려워진다.

호기(呼氣 : 숨을 내 뿜는다)는, 격렬해서는 안된다. 의식적으로 힘을 넣어 격렬하게 내 뿜으면, 호기가 막혀 정돈이 곤란해지고, 비강에 과도한 자극이 가해져 불쾌감을 느끼게 된다.

정돈(停頓)은, 흡기 후이거나, 호기 후이거나 모두 자연스럽게 해야 하며, 무리를 하여 숨을 멈추어서는 안된다.

정돈 시, 정신 의식을 집중하는 부위는 하복부(단전)이다. 만일, 힘을 넣어 후두나 상복부에 숨을 멈추면, 머리가 빙글빙글 하거나, 눌리거나 하여 상복부가 괴롭거나, 위가 아프거나 하는 현상이 나타난다.

《호흡의 횟수와 운용》

연공 중의 호흡 횟수는 사람에 따라 다르며, 구체적인 규정은 없다. 횟수를 너무 신경쓰다 보면 불쾌감이나 실수를 일으키기 쉽기 때문이다.

평상의 생리 호흡은, 남성 평균이 매분 15회 정도, 여성이 18회 정도로 스포츠 맨은 조금 감소한다.

오래 기공을 단련한 사람은 호흡 횟수도 자연히 감소하며, 사람에 따라서는 매분 4~6회인 사람도 있다. 드문 경우(극히 적은 수의 기공 단련자이지만)로는 매분 2회의 호흡을 하는 사람도 있다. 그러나, 초보자가 갑자기 거기까지 도달하는 것은 불가능하다. 천천히 단련해야 한다.

또, 호흡 횟수와 치료 효과에는 상대적인 관계가 없으므로, 결코 단순히 횟수의 감소만을 추구하는 일이 없으면 한다.

자연스럽게 호흡하고, 길고 부드럽게, 소리가 없어야 하는 것 등이 중요하다. 연공 시에는 일반적으로 코 호흡을 사용하는데, 비강이나 호흡 계통에 병이 있는 사람은, 입과 코를 병용해도 좋고, 입만을 사용하여 호흡해도 좋다.

호흡법은, 어느 공법에서는 코를 사용하여 들이마시고 내 쉬며, 어느 공법에서는 입으로 들이 마시고 코로 내 쉬고, 어느 공법에서는 코로 들이 마시고 입으로 내쉬는 등, 공법마다 그 공법에서 요구하는 호흡법이 있다.

《호흡시에 혀를 윗턱에 스치는 문제》

내양공의 연공에 있어서는, 호흡에 따라 현저하게 혀 끝을 위·아래로 움직이지 않으면 안된다.

강장공에서는, 혀 끝을 윗턱에 붙인 채 상·하로는 움직이지 않는다.

이러한, 혀 끝의 상하 움직임을 총괄하면, 다음의 세가지 중요한 작용이 있다.

잡념의 배제=연공 중 호흡, 의수, 자세에 주의하는 외, 또 혀 끝의 상하운동을 하면 잡념을 배제하는 것을 도우며, 의식을 집중시켜 입정하는 데 유리하다.

타액 분비의 증가=혀 끝의 상하운동은, 소화 기관에 관계 있는 대뇌 피질의 세포균을 흥분시켜, 반사적으로 소화 기능에 영향을 미친다. 그 결과, 타액 분비를 촉진시켜 소화를 돕고, 식욕을 증진시킨다.

주천공(周天功)의 순환에 유리=소주천(小周天)이라고 불리우는 공법이 있어, 단련이 일정의 단계에 달하면 단전으로 생긴 「기」를 중국 의학의 경락 학설인 임(任), 독(督)의 두파에 따라 운행시킨다. 그리고, 임파와 독파가 상호 만날 때, 혀 끝이 윗 턱에 닿는 것에 의해, 그 두파를 상통시킨다. 고인은, 이것을 칭하여 「작교(鵲橋: 까마귀 다리. 칠석날 견우, 직녀가 은하수를 건너는 데에 까마귀를 다리로 하였다는 전설이 있다)」라고 불렀다.

연공 중은, 혀 끝을 가볍게 윗턱에 스치도록 할 것. 힘을 너무 넣어서는 안된다. 또, 너무 의식해서도 안된다. 너무 의식하면, 의수 단전과 호흡의 조정에 영향을 미치며, 머리 부분에 불쾌감을 일으키기 쉬운 경우가 있다.

《복식 호흡의 훈련》

복식 호흡을 마스터하는 데는 단련이 필요하며, 그렇다고 급하게 마스터해서도 안된다.

단련 중에는 반드시, 하복부(단전)의 움직임을 주로 해야 한다. 전복부는 이것에 따라 움직이기 시작한다.

이 과정에는 장단이 있으며, 일반적으로는 1개월 정도의 단련이 필요시 되고 있다. 단, 소수의 스포츠 맨 중에는 몇 일만에 마스터하는 사람도 있고, 평시도 복식 호흡을 실시하고 있는 극히 소수의 사람도 있다. 이것은, 연공에 있어서 유리한 조건이 되지만, 그 경우에도 반드시 하복부의 움직임을 주로 해야 한다. 연공의 진전을 기초로 하지 않고, 단지 기계적으로 하복부를 움직여 상복부를 움직이거나, 금방 움직이려 하는 것도 부적당하다.

호흡의 단련에 있어서 가장 중요한 것은, 효과를 보는 것이며, 호흡의 대표적인 형은 이차적인 것이다. 즉, 맹목적으로 형식만을 추구해서는 안된다는 것이다. 단련이 도달하면 저절로 마스터할 수 있는 것이다.

고혈압, 변비, 소화 불량, 위궤양, 위하수인 사람은 복식 호흡을 사용하는 것과 동시에, 숨을 내 뿜는 시간을 오랜 지속시켜야 함에 주의한다. 흡기에 있어서는 주의하지 않아도 좋다. 이것은 호기(呼氣)를 좋게, 강하게 하기 위함이다.

저혈압인 사람, 장의 연동이 너무 빠른 사람, 과민성 대장염인 사람, 어느 종류의 신경성 궤양인 사람은 복식 호흡을 사용하는 것과 동시에, 숨을 들이 마시는 시간을 길게 지속시키도록 주의한다. 호기에 있어서는 주의하지 않아도 좋다. 이것은 흡기를 강하게 하기 위해서이다.

고혈압인 사람은 정돈(停頓)을 채용하지 않는다. 정돈을 사용하면, 힘이 들고 긴장하므로 혈압을 상승시키기 때문이다.

《기관 단전》

복식 호흡을 실시하면, 흡기로 횡격막이 하강하고, 이것에 따라 하복부가 융기하고, 호기로 횡격막이 상승하고, 이것에 따라 하복부가 수축한다. 이 흡기 때에 의식에 의해 기를 유도하고, 단전으로 가라 앉히는 연습을 오래 계속하면, 복강 내의 장기의 움직임이 마치 기(氣)가 단전으로 가라 앉는 것과 같은 감각을 느낄 수 있게 된다. 이것이야말로, 즉 「기관 단전」인 것이다.

연공의 초기에는, 기관 단전에 익숙하지 않기 때문에 감각도 명확하지 않다. 그러나 단련을 계속해 가면 서서히 체득되는 것이므로, 결코 서둘러 공(功)의 달성을 이루고자 해서는 안된다. 힘을 넣고, 기를 단전으로 압송하거나 하면 장해가 생기므로 주의하기 바란다.

- 조심(調心 : 의식)의 문제

입정으로의 도달법 -

기공의 의식면에서 중요한 것은, 잡념을 배제하여 입정에 도달하는 것이다. 소위 입정(入靜)이란, 잡념이 상대적으로 감소하고, 정신이 서서히 집중되어 가는 것

아침의 단련으로 심신 모두 건강한 하루를 시작한다

인데, 사유 활동을 정지하는 것은 아니다.

《정서를 안정하게》

연공 개시 10분 전에는 일체의 문장, 체육, 독서 등의 활동을 정지해야 한다. 그러한 활동은 대뇌를 흥분시켜 정서의 파동을 일으켜서 입정에 장해를 가져오기 때문이다.

원기 왕성, 기분을 유쾌하게 유지하는 것이 입정과 호흡을 부드럽게 하는 데에 유리하다.

《목관비준(目觀鼻准)》

목관비준이란, 양 눈으로 코 끝을 가볍게 주시하는 것을 말한다. 이 작용은, 의식을 한 점에 집중하는 것에 의해, 정신을 하나로 하며 연공하여 입정하는 것을 돕기 위함이다.

《의수 단전》

　연공 때에, 의식을 사용하여 단전 부위를 묵상하고, 정신을 집중시켜 잡념을 배제하며 오랫동안 단련해 가면 입정하기 쉽다. 이 방법을 「의수 단전」이라고 한다.
　연공의 초기에는 정신을 집중하기 어렵고, 때로는 정신을 단전으로 집중해도 잡념이 생긴다. 그런 현상에 부딪쳐도, 그것은 자연스러운 것이므로 그대로 계속하여 연공하지 않으면 안된다.
　만일, 의수할 수 없을 때는 잠시 후에 다시 의수하여 반복 연습을 한다. 오랫동안 계속하여 의수 단전의 안정성이 높아지면, 잡념은 반드시 감소하고, 정신은 집중이 되어, 입정에 도달할 수 있게 된다. 단, 의수에 있어서 억지로 사수(死守)하는 지경이 되어서는 안된다. 부드럽게, 지키는 듯, 안 지키는 듯 하는 정도로 의수하는 것이 중요한 것이다.
　단전의 부위에 대해서는 여러 가지 설(說)이 있지만, 기공 단련의 단전은 앞에서 서술한 것과 같이, 일반적으로는 배꼽 아래, 하복부를 의미한다. 이 부위는 의수하기 쉬우며 게다가 입정하기도 쉽다.
　사람에 따라서 의수하기 어렵다고 하는 사람도 있으므로, 신체의 그 외의 각 부위 태양(太陽), 달, 별, 꽃, 풀, 수목, 주위에 있는 사물을 의수해도 지장은 없다.

《묵념자구(默念字句)》

　묵념자구와 혀의 상하 움직임은 모두 정신 집중과 잡념 배제에 도움이 된다. 묵념자구는, 그 문구의 의미가 일종의 양성적인 자극을 연공자에게 주어, 정신을 평온하게 하는 역할을 하는 것으로, 연공자의 정신을 유쾌하게 하여 입정에 들어가도록 유도하는 것이다.
　묵념자구 수는 너무 많아서는 안된다. 중국어인 한자로 말하면, 일반적으로 9자를 넘지 않는다. 염하는 문구가 너무 많으면, 정돈 시간이 너무 길어져 두통이나, 머리를 눌리는 듯한 고통 이외에, 심장이 쿵쿵하는 심장이 뛰는 증상이 나타나고, 호흡이 답답해지는 등 불량 현상이 발생하기 쉽다.

《수식(数息)과 청식(聽息)》

　연공 시, 호흡을 하면서 호흡의 횟수를 센다(백까지의 숫자를 반복하여 센다). 그렇게 하면 정신은 자연스럽게 집중되고, 서서히 입정이 가능해진다.
　또 의식을 릴렉스시키기 위하여, 호흡의 출입을 듣는 것도 좋다. 이 청식에는 「의기합일(意氣合一)」이 필요하다. 기(호흡)는 의(의식)의 유도에 의하여, 부드럽고 평온하게 출입시켜지는 것이다. 그리고 의식의 이동에 따라 유유히 전진하여, 천천히 입정에 도달한다.

《내시(內視)》

　연공 시에 양 눈을 감든지, 가볍게 감고, 의식을 사용하여 신체의 내부를 본다. 단전, 하복부의 운동 형태, 호흡의 출입 상황…… 등등을 내시하는 것이다. 이와 같이 오랫동안 연공해도 입정에 도달할 수 있다.

연공(練功) 중의 정상반응

 연공을 오랫동안 계속하고 있으면, 신체에 약간의 특수한 감각이 생기게 된다. 비교적 많이 나타나는 것은 공간에 대한 피부 감각의 변화, 외계 자극에 대한 사유 능력 반응성의 변화 등이다.
 이러한 특수 감각이 생겨도 그것이 정상적인 것이면 걱정하거나 놀랄 필요가 없다.
 여기에서는 그 주요한 것 중 몇가지를 끌어 내어 설명해 보겠다.

- 팔촉(八觸)

 사람에 따라서는, 전신 또는 일부의 피부가 간지럽거나, 엉덩이 부분이 무겁게 가라앉는 듯이 느껴지거나, 어깨에 압력을 느끼거나 한다. 차다, 따뜻하다, 가볍다, 무겁다, 아프다, 간지럽다, 거칠다(매끄럽지 못하다), 매끄럽다 라고 하는 여러 종류의 감각이 나타나는 경우가 있는 것이다.
 이것들은 연공하여 입정한 또는 효과가 나는 표시이므로 긴장하거나, 놀라거나 해서는 안된다. 연공을 단단히 계속하면 없어지는 것이 대부분이다.
 고서(古書)인 『정좌요결(靜坐要訣)』에는 연공 중에 생기는 현상으로써 16종이 기재되어 있다. 즉 1. 움직인다. 2. 가렵다. 3. 시원하다. 4. 따뜻하다. 5. 가볍다. 6. 무겁다. 7. 거칠다. 8. 매끄럽다의 8종의 감각과, 1. 떨어진다. 2. 휜다. 3. 차다. 4. 뜨겁다. 5. 뜬다. 6. 가라 앉는다. 7. 단단하다. 8. 부드럽다의 8종의 감각의 합계 16종이다. 이들의 감각은 많은 연공자에게 각각 다른 정도로 나타난다.
 이 외에도, 때때로 나타나는 현상이 있다. 연공 시에는 잡념이 감소하고, 대뇌의 사유 활동이 저하하고, 밖으로부터의 자극에 대한 감수성이 감소한다.
 그 결과, 보통 때는 들을 수 없는 작은 소리 또는 작은 울림에 크게 영향을 받고, 붕 떠서 흔들리며 공중을 떠도는 듯한, 졸리면서도 졸리지 않는 듯한, 의식이 있으면서도 없는 듯한, 오랫동안 부드럽게 존재하는 듯한, 무엇이라고 형용할 수 없는 느낌이 나타난다.
 이것은, 주관적인 감각 상의 변화이며, 대뇌 피질의 활동 상태의 변화에 의해 일어나는 것이다.
 연공의 과정 중, 대뇌 피질의 억제 범위가 확대되고 항상 다른 정도의 최면 상태가 된다. 넓은, 억제된 배경 위에 있기 때문에, 이와 같은 변화가 출현하는 것이다.

입정하면 몽환(夢幻)의 경지로

－소화 기능의 증강

 연공을 계속하고 있으면 소화 기능이 증강한다. 이것은, 임상상 가장 보편적인 현상이다.

 연공자는 식욕이 증가하여 기아감(飢餓感)을 느끼기 때문에, 아침, 점심, 저녁의 3번의 식사 외에, 수회의 간식을 공급해야 할 정도이다. 그 사람의 조건에 따라 차이는 있지만, 간식을 제한하는 것도 좋고, 간식을 주지 않아도 좋다. 또 음식의 횟수를 무리하게 늘릴 필요도 없다.

 연공자는 다식(多食)이 가능하기 때문에, 체중의 증가가 빠르다고 하는 현상도 일어난다. 그 식사량은, 보통 사람의 2~3배까지 증가하고, 체중도 하루에 150~500그램까지 증가한다. 수일 집중하여 매일 평균 1kg 증가한 예도 있다.

 그러나 지나친 비만인 사람은 적당하게 식사량을 줄이지 않으면 안된다. 야채, 과

일을 주로 하여, 필요 이상의 체중 증가를 피해야 한다.

-신진 대사의 왕성

연공시는 자세와 호흡의 조정, 의수단전 등에 의해 체내의 신진 대사가 촉진된다. 공법과 체질의 차이에 따라 같지는 않지만, 다음과 같은 반응이 나타난다.

미열, 발열과 발한(発汗) = 전신이 발열하고, 특히 양 발의 발바닥에 땀이 나는 현상은 때때로 볼 수 있다. 말초혈관이 확장하고, 혈액의 순환이 촉진되어 신진 대사가 왕성해져서, 그러한 현상이 나타나는 것이다.

이런 때는 왕왕, 전신이 나른해지며 유쾌하고 두뇌도 시원하다. 이런 상황은 정상 현상이다.

의복이나 이불을 적실 정도의 많은 양의 땀이 나오는 경우는, 연공 시간을 감소하고, 의수 단전의 힘을 경감하며, 의복이나 이불을 얇게 해야 한다. 그렇게 하면, 이러한 다량의 발한 현상은 보통, 수일 후에는 일어나지 않게 되는 것이다.

타액 분비 증가 = 혀의 상하 운동과 신경의 흥분도의 변화에 의해, 타액의 분비량이 증가한다.

보통 상황하에서 생기는 타액은, 의념을 이용하여 타액을 유도하여 단전으로 이르게 하는데 유효하며, 복식 호흡의 마스터나 의수 단전에도 도움이 된다.

타액의 양이 너무 많아 연공에 영향을 주는 경우는, 입으로 숨을 들이 마시고, 코로 숨을 내쉬며 혀의 활동을 정지시킨다. 필요하면, 항 부교감신경 흥분제를 복용하여 타액 분비를 감소시켜도 좋다.

다뇨(多尿), 모발·수족의 손톱 발톱 발육 촉진 = 다뇨가 되고, 모발이나 손톱, 발톱의 발육이 평소와 비교하여 볼때 빨라진다. 병에 의해 탈모, 대머리가 된 사람이 연공을 계속하여 머리카락이 많아지는 예나, 백발이었던 사람이 연공 후에 우선 갈색이 되었다가, 나중에는 검게 되었다는 예도 있다.

피부가 섬세해진다 = 영양 상태가 좋아져 피부가 섬세해지고 윤기가 난다.

신경 쇠약인 사람이 목 임파선 결핵에 걸려 수술 후도 흉터가 계속 남아 있었으나, 40일의 연공에 의해 흉터 조직이 흡수, 연화되어 움직임이 자유스러워졌다는 실례가 있다.

전신에 온열감이 생긴다 = 연공 후에 혈액 순환이 촉진되어 안면이 붉어지고 따뜻해진다. 게다가, 귓볼, 손등 등의 얇은 층의 혈관이 확장되고, 맥박이 강하게 정비되어 전신에 가벼운 온열감이 생기고, 때문에 냉증이 치료된다.

이상의 현상 중, 다뇨(多尿), 모발, 손톱·발톱의 성장 촉진, 피부 섬세 현상은 모두 정상 반응이며 수정할 필요는 없다.

그대로 연공을 계속해도 아무런 문제가 없으므로 걱정할 필요는 없다.

-성 기능(性機能)의 문제

연공을 오래하면, 사람에 따라서는 병이 호전되고, 정신력과 체력이 날로 증가·회복되어 섹스에 대한 요구가 강해지는 경우가 있다.

이것은 정상적인 생리 현상이지만, '콘트롤이 필요하다' 라고 하는 것은, 섹스는 일종의 격렬한 흥분 자극이고, 대뇌 피질의 안정성에 영향을 주기 때문에, 고도의 신경 활동의 훈련과 조정에 불리하기 때문이다. 즉, 회복기의 섹스는 정력을 소모시켜 치료 기간을 길게 끄는 결과가 된다.

유정(遺精)을 동반하는 경우는 어떤가 하면, 매월 1~2회(청장년이면 매주 1회)의 유정은 정상이며, 수정의 필요성은 없다.

연공 전에 유정이 있던 사람, 횟수가 많던 사람은 이하의 방법을 사용한다.

눈을 감고 의념으로 머리 윗 부분을 주시하고, 혀 끝을 윗턱 부분에 대고 숨을 들이 마신다. 항문을 수축시키고, 고환(睾丸)을 안쪽으로 수축시키고, 숨을 들이 마신 후도 느슨하게 하지 말고 버틴다. 버틸수 없는 때까지 되었을 때 숨을 내 뿜고, 2회째의 숨의 흡입을 행한다. 이 방법을 사용하면 정(精)은 자연스럽게 멈춘다.

여의치 않을 때는 손의 중지로 회음혈(会陰穴:급소, 음낭과 항문 사이에 있다)을 눌러도 좋다.

-여성의 연공(練功)

여성에게는 생리가 있다. 생리의 양, 기간에 변화가 없으면 종래의 연공 방법으로 계속하여 연공해도 지장은 없다.

생리의 양이 증가하든가, 기간이 연장된 경우는 「의수 단전」을 「의수 족심」, 「의수 족지」 등으로 바꾸든가, 의수(意守)를 실시하지 않는다. 호흡에서는 힘을 넣어 「기관 단전」을 실시해서는 안된다. 자연스러운 호흡을 실시한다.

생리의 양이 현저하게 증가하고 기간도 연장된 경우는 연공을 수일간 중지하고, 생리기가 지난 다음 연공을 재개한다.

또한, 연공 후 1~2개월 내의 생리기가 연공 전에 비하여 빨라지는 것은 정상 현상이므로 걱정할 것은 없다. 또, 3~4개월이 지나 생리의 양이 보통과 다름이 없는 것도 정상 현상이다.

폐경증의 경우는 「의수 단전」, 또는 「의수 회음혈」을 실시해도 좋다.

임신기의 경우는 강장공을 단련해도 지장 없지만, 임신 3개월이 지나면 내양공 단련을 실시해서는 안된다. 또, 연공을 하여 머리가 눌리는 느낌이 있거나, 양 옆구리가 아프거나, 피로가 쉽게 오는 경우는 「의수 단전」을 「의수 단중」으로 바꾸어야 한다.

여성은 흉식 호흡을 하기 때문에, 복식 호흡이 적합하지 않은 경우가 있다. 그 경우는 우선 흉식 호흡을 사용하고 서서히 복식 호흡을 받아들여 최후로 복식 호흡으로 가져간다.

연공 중의 이상 반응

연공 중에, 정상반응이 아닌 이상 반응이 나타나는 경우가 있다. 그 출현의 방법은 사람에 따라 차이가 있고, 연공의 전 과정을 통하여 전혀 출현하지 않는 사람도 있다.

여기에서는 이러한 이상 반응 중, 때때로 볼 수 있는 것을 소개, 그 처치법을 설명한다.

- 피로하다

자세가 부자연하거나, 오랜 동안 하나의 자세를 계속 취하고 있으면 근육이 피로하여 전신의 힘이 빠진다.

따라서 연공자는 자세를 자연스럽게 하고, 전신을 릴렉스 시키는 것에 주의를 기울여야 한다. 초기의 연공 시간이 너무 길어지는 것도 좋지 않다. 쉬어가면서 하는 것도 하나의 방법이다.

신체가 쇠약해져 있는 사람은 가능한한 와식을 취하고, 체력이 회복된 다음, 좌식이나 참식(站式)을 첨가한다. 그렇게 하면, 피로도도 감소한다.

- 호흡이 짧아져 막힌다

연공시에 호흡이 짧아 숨이 막히거나, 기가 급소 근처에 머물러 내려가지 않는다. 라고 하는 현상이 나타나고, 가슴이 갑갑하여 불쾌해지고, 탄식하는 듯한 호흡이 되는 경우가 있다.

그 원인의 대부분은 자세에 힘이 들어가고, 가슴을 너무 당기고, 허리를 너무 구부리고, 호흡에 힘을 너무 넣고, 정폐 시간이 너무 길고, 또는 깊고 길게 호흡을 하는 등의 원인에서이다.

호흡이 짧게 막히는 현상이 일어나면, 이상의 원인을 체크하여 수정하도록 한다.

- 몽롱해져 잔다

연공 중에 몽롱해져 자고 싶거나, 드디어는 숙면해 버리는 사람이 있다.

이것은 연공 시에 안정된 단조로운 환경 하에서 양 눈을 감고, 옆으로 누운 자세를 하기 때문이다. 즉, 그와 같은 조건은 잠들기에 아주 좋은 환경이고, 조건 반사의 원리에 따라 더욱 쉽게 자고 싶다는 충동을 일으키는 것이다.

그러나 자버려서는 연공의 효과는 기대할 수 없고, 대뇌 피질 특유의 활동 형태에 불리하기 때문에 수정하지 않으면 안된다.

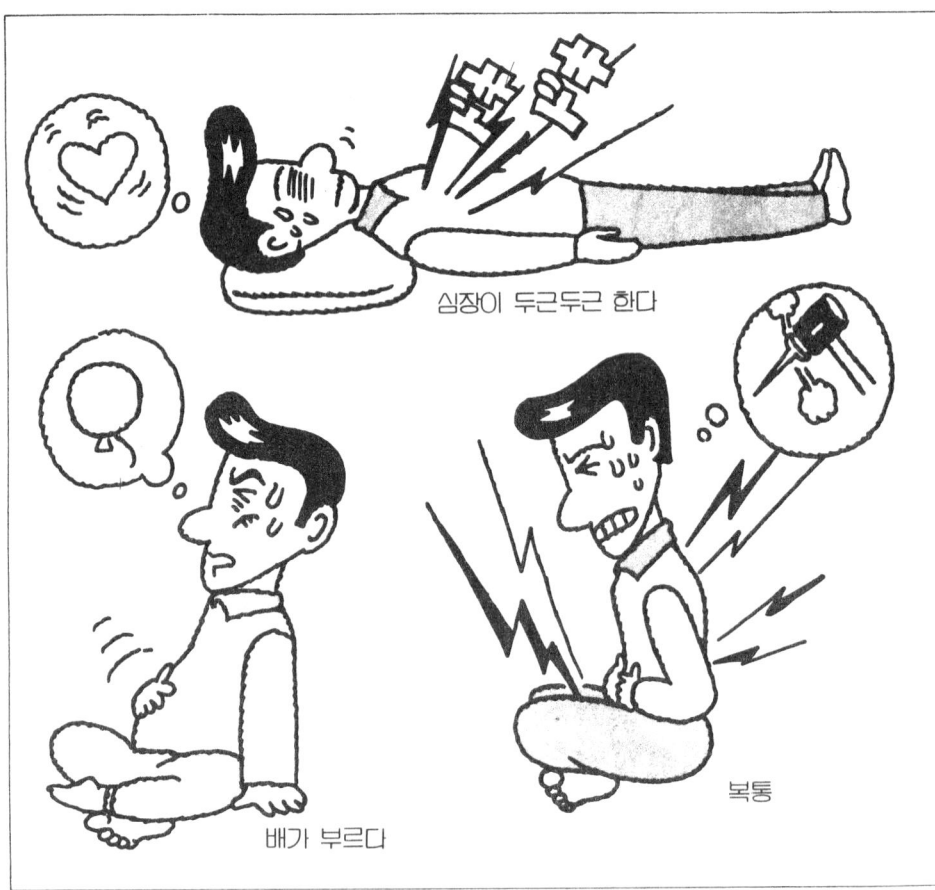

수정하는 데는 양 눈을 단단히 감지 말고, 한 줄기의 빛이 흘러 들어올 정도로 가볍게 벌리고, 연공 중에 몇 번인가 자세를 바꾸거나, 연공 전에 따뜻한 물을 조금씩 마시는 것도 좋은 방법이다.

-심계(心悸)가 항진(亢進)한다

연공 중에 심장이 두근 두근하는 때가 있다. 원인의 대부분은, 자세가 릴렉스 되어 있지 않고, 호흡에 힘이 들어가고, 정폐 시간이 너무 길고, 묵념하는 자구 수가 너무 많고, 정신이 긴장되어 있는 등의 때이다.

수정하는 데는, 이들 원인을 체크하여 해소시켜야 한다.

또, 심장의 기질이나 기능에 병을 갖고 있는 사람은, 보통 때에도 심장이 두근두근 하고, 박동이 빠른 등의 증상이 있으므로, 연공 중에 그런 현상이 나타나도 걱정할 필요는 없다.

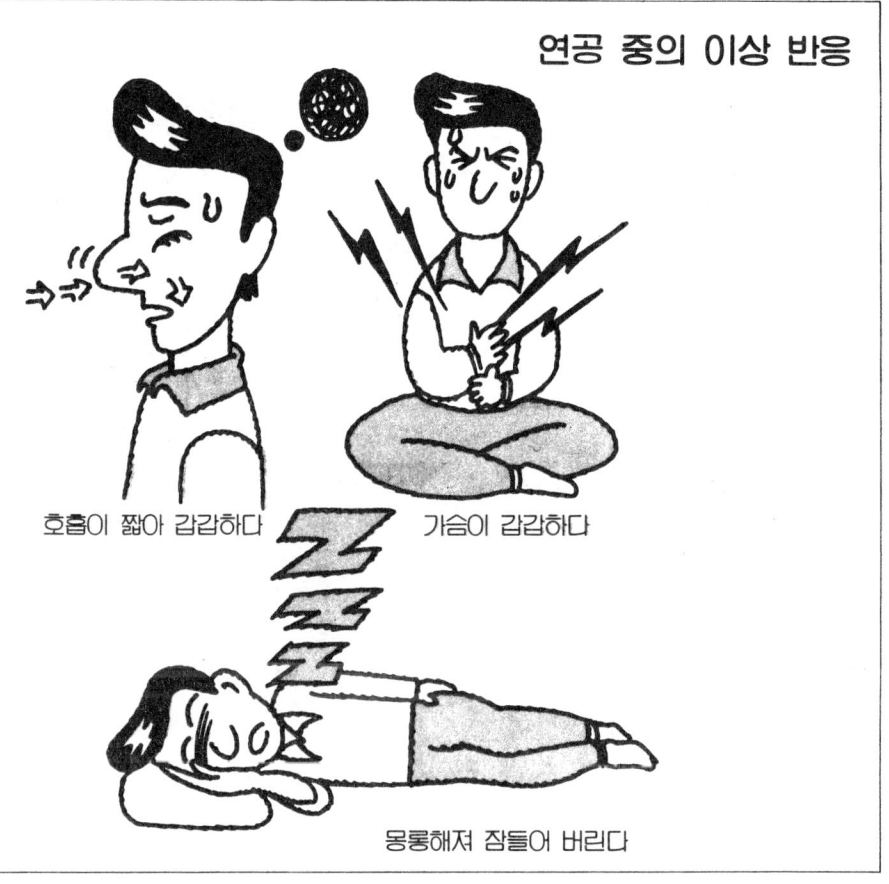

연공 중의 이상 반응

호흡이 짧아 갑갑하다　　가슴이 갑갑하다

몽롱해져 잠들어 버린다

　일반적으로는, 안정하여 연공하고 전신을 릴렉스시키면, 심장의 두근거림도 감소하고, 천천해진다. 이것도 정상 현상이다.

- 복통, 배가 부르다, 가슴이 답답하다

　연공 초기에 복통, 배가 부르다, 가슴이 답답하다 라고 하는 증상이 나타나는 사람이 있다.
　무리하게 심호흡하거나 하복부를 내찌르거나 오목하게 하면 일어나는 것으로 원인을 체크하여 수정할 것.

- 놀란다

　연공 중의 놀램은, 대부분은 입정 후에 돌연 큰 소리가 나거나 타인이 급격하게

127

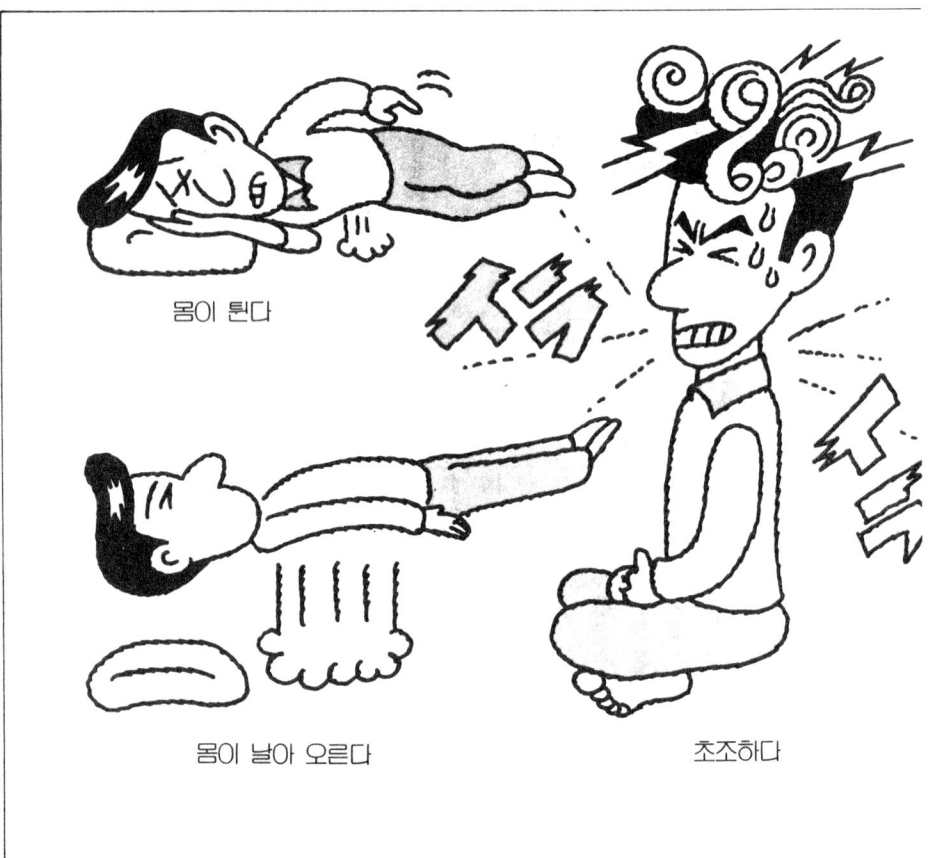

접촉하거나, 자신에게 놀라운 환각이 생기거나 하는 것에 의해 일어난다.
 증상이 확실한 경우는, 한동안 연공을 중지하는 편이 좋지만, 그다지 심각하지 않은 경우는, 계속하여 연공을 해도 지장은 없다.
 놀램을 예방하는 데는 안정된 연공 환경을 갖고, 돌연한 소음이 발생하는 것을 피한다.

-현기증, 머리가 아프다, 초조하다

연공 과정 중, 사람에 따라서는 하복부나 요부(허리)에 열이 나는 사람이 있다. 열기 덩어리는 등 정중선의 독맥(督脈)에 따라 상승하여 머리에 이르고, 머리에서 정면 정중선의 임맥(任脈)을 따라 하강하여 하복부에 이른다. 이와 같이 열기가 임, 독의 두 맥을 따라 유동하는 것을, 임독 두 맥의 교류라고 부른다.
 이 현상의 출현은 병 치료에 유익하지만, 사람에 따라서는 임독 두 파의 교류를

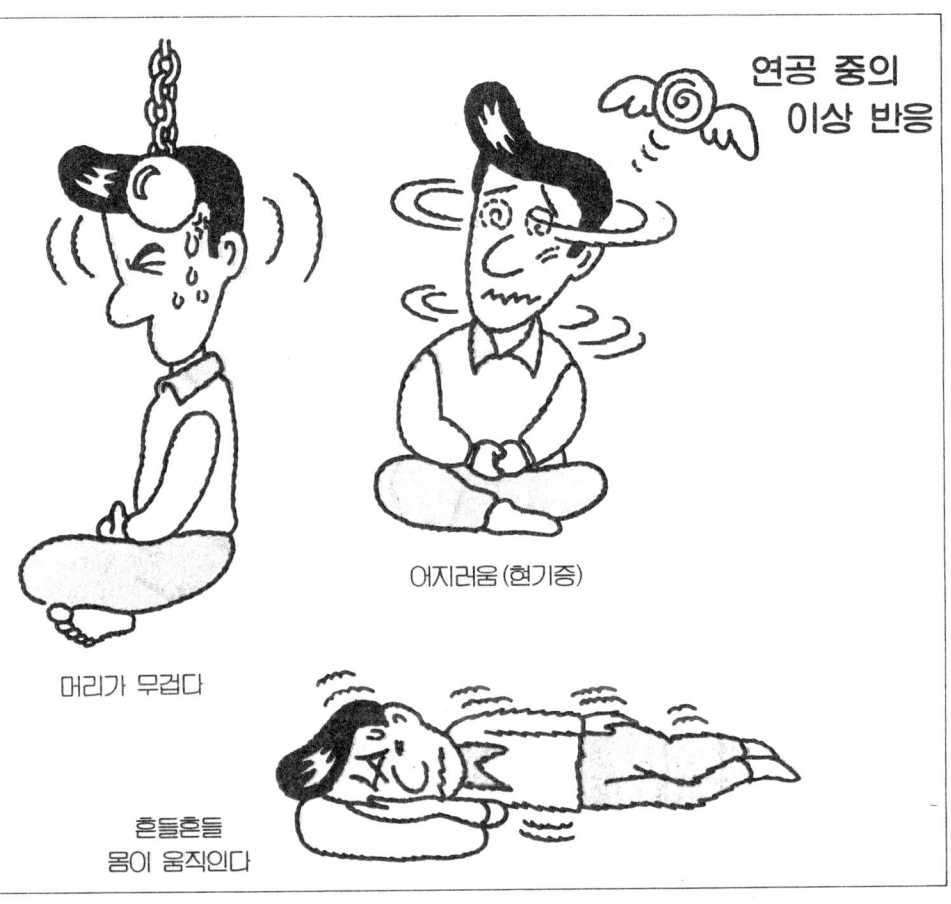

연공 중의 이상 반응

어지러움(현기증)

머리가 무겁다

흔들흔들 몸이 움직인다

단번에 추구하려 한다. 그 결과, 힘을 넣어 기를 머리로 끌어 올리려 하여, 현기증이 일고, 머리가 눌리는 듯이 무거워 지거나, 초조해지는 불안증이 일어나 충두(衝頭) 현상을 발생시키는 일이 있다.

충두 현상이 출현하면 임·독 두 파의 교류를 방해하므로, 의수 부위를 발바닥이나 발 끝으로 바꾸어야 한다.

충두(衝頭) 증상이 무거운 사람은 수일 간 연공을 중지한 다음, 충두 현상이 소실된 후 연공을 재개한다.

- 흔들흔들 움직인다, 튄다, 날아 오른다

연공 과정 중에 전신이나 몸의 일부가 움직이는 일이 있다. 그 정도는 크게 움직이는 사람, 작은 사람, 크게 움직여 날아 올라 회전하는 사람, 흔들흔들 조금 흔들리는 사람, 움직임이 리드미컬한 사람, 그렇지 않은 사람……등 다양하다. 이것을 「동상(動象)」이라고 부른다.

동상이 어째서 출현하는가 하는 것은 현재, 아직 완전히 해명되어 있지 않다. 단, 임상적으로 관찰하면 사람에 따라서는 동상 다음에 전신에 쾌적감을 느끼고, 병이 호전된 경우가 있다. 따라서, 동상이 출현한 경우는 자연스럽게 맡겨두어야 한다. 유발하려 해도 좋지 않으며, 억제하려고 노력해서도 안된다.

그렇다고는 하지만, 움직임이 격렬하고, 움직임 다음 불쾌감을 느끼거나, 병이 악화되었다면 움직임을 억제하려 하지 않으면 안된다.

만일 억제해도 효과가 없는 경우는 잠시 연공을 중지한다. 또는, 의수하는 부위를 하단전(下丹田)이나 용천혈(涌泉穴)로 바꾸든지, 참식(站式)을 좌식이나 와식으로 바꾼다.

요컨대, 동상에 대해서는 두려워 해서도 안되며 추구해도 안된다.

- 병 불안정과 병 재발

일정 기간 연공하면 대개는 병이 개선되고 체질이 증강된다. 그러나 많은 사람에게서 볼 수 있는 경향이지만, 병이 서서히 호전되어가는 과정에서, 조금 악화되었다가 또 좋아지는 불안정한 현상이 일어난다. 이것은 정상적인 현상이다.

단, 병이 크게 역전되어 재발했을 때는 원인을 잘 조사하여야 한다.

예를들면 위궤양인 사람의 경우, 일정 연공을 한 후에 자각 증상은 완전히 소실됐지만, 피로, 단단한 것을 너무 먹어 기분이 불안정해지는 것 등이 원인이 되어 동통이 재현되는 경우가 있다. 그러한 때는 원인을 체크하여 제거하고, 치료 효과가 연속하여 높아지도록 해야 한다.

또 소수의 사람이기는 하지만, 연공 과정 중에 돌연 증상이 심해 지거나 악화하는 일이 있다. 예를들면, 궤양이 심해져 출혈하거나, 심근경색이 일어나는 등이다.

만일, 그러한 증상이 나타나면, 이내 의료 기관에서 응급 처치를 받는다.

기공의 계통적 치료를 실시하면 증상은 현저하게 호전되고, 기본적으로는 치유된다. 단, 치유 후에도 생활 불규칙, 과도의 피로, 음식 부절제, 연공 중단, 기후의 변화, 정서 불안정 등이 원인이 되어 재발하는 경우도 있다.

그 경우는, 재발의 원인을 찾는 것과 함께 적극적으로 기공 치료를 실시해야 한다.

더욱 바람직한 것은, 병 치유 후도 연공을 계속하여 효과를 강화하고, 적극적으로 건강 보존를 기해야 한다.

연공의 유효성은 사실이 증명하고 있다. 다수의 사람이 치유 후도 연공을 계속하고 있다. 그리하여 병이 재발하지 않을 뿐 아니라 정력도 보다 충실해져서, 사회를 위하여 적극적으로 공헌하고 있다.

보조 요법(補助療法)

 기공 요법의 효과를 더욱 증대하여, 치료를 순조롭게 추진시키기 위해서 쓰여지는 유효한 보조 요법이 있다. 여기에서는 특히 효과가 있는 보조 요법 몇가지를 소개 한다.

－의료 체육(医療体育)

 이제까지의 임상 체험에 의하면, 의료 체육은 기공 요법 효과를 보조 확대하고, 전신의 근육과 각 기관의 기능을 밸런스 좋게 하고, 건강을 회복시키는 데에 역할을 한다.
 기공 요법이 시작될 무렵 채용되어진 체조는, 고서(古書) 중에 소개되어져 있는 몇가지인가의 형을 선택한 것이다. 그들도 병 치료에 대하여 다소 도움이 되고 있지만, 의료 체육의 전문가의 연구를 거치지 않고 있기 때문에, 동작이 너무 간단하여 질력을 내는 사람이 많고, 그다지 효과도 얻을 수 없었다.
 어떤 시기에는 병자의 체질 강화를 기하기 위하여, 조금 가벼운 원예 작업, 꽃·나무 심기, 풀 베기 등도 받아들여졌었다. 또 후에는, 연구를 거쳐 태극권이 기공 요법과 조직하여 쓰기에 적합하다고 하는 것도 인정되었었다. 실제, 태극권을 조합히여 보자, 병자가 흥미를 갖을 뿐 아니라, 치료 효과도 촉진되었다. 확실히 기공 요법의 보조로 큰 역할을 했다.
 단, 연습 중에는 휴식을 취하는 것을 잊어서는 안된다. 연습은 항상 실시해야 하지만, 너무 지나치게 해도 안된다. 피로에 떨어지는 것도 막아야 한다. 가끔해서는 안된다. －이와 같이 실시하면, 좋은 효과를 얻을 수 있다.
 임상 경험에 의하면, 소화성 궤양인 환자, 병이 조금 복잡한 병자는 연공 초기에, 우선 산보, 풀 나무의 재배 등의 가벼운 옥외 활동을 하는 것이 좋다. 병이 호전되고, 체력이 회복기에 있을 경우는 태극권이나 그 외의 유연한 권법을 연습하는 것이 효과적이다. 그리고 치료 후도 기공과 권법의 연습을 계속한다.
 이들의 활동을 실시할 때는, 다음과 같은 점에 주의해야 한다.
 ☆ 체육 단련을 실시할 때는, 기분을 유쾌하게 안정된 상태로 유지할 것. 사용하는 힘은 작은 것에서 큰 것으로, 동작은 간단한 것에서 복잡한 것으로.
 ☆ 운동 속도와 횟수는, 본인의 건강 상태와 체질을 고려하여 적당하게. 일반적으로는, 처음에는 동작을 천천히, 횟수도 적게 하고, 이후 점차로 운동 양을 증가시켜 갈 것.
 ☆ 태극권, 팔괘권의 권법 연습은 준비 운동과 정리 운동이 필요. 권법연습의 조

건이 정비되지 않은 사람은, 일반적인 작업 - 재배, 물 주기, 밭 갈기, 체조 하기, 산보, 지면 쓸기, 창문 닦기, 의복 빨기 등을 해도 좋다.

요컨대, 신체의 상태를 생각한 뒤에 실시할 필요가 있으며, 심한 피로를 받지 않도록 적당한 운동을 해야 하는 것이다.

-그 외의 보조 요법

약물=연공에 한동안 영향을 미친다. 병의 발작에 의한 동통, 감기, 그 외의 병이 있는 경우는, 필요에 따라 보조적으로 사용하여 병 치료를 실시해도 좋다. 병이 가벼워지면 연공을 계속한다. 단, 어디까지나 기공 요법을 주로 해야 하며, 한결같이 약에 의존해서는 안된다.

鍼灸(침구)=뜸=연공 과정 중에 鍼灸(침구) 요법을 적당히 첨가하는 것이 유효하다고 하는 것은 임상적 실험으로 증명되어 있다.

고혈압, 자율 신경 실조증이 일으키는 것이나, 두통, 두중(頭重), 현기증에 대해서도 효과가 높다. 곡지(曲池), 발의 삼리(三里) 등의 급소에 뜸을 하면, 직접적으로 강압 작용이 있고 두통에도 효과가 있다.

뜸은 또, 위궤양, 만성 위염 등에도 좋은 작용을 가져오며, 뇌혈관 손상에 의한 사지(四肢) 마비, 입이나 눈의 비뚤어짐에도 효과가 있다.

그 외의 병도 적당하게 뜸을 배합하면 효과를 올리는데 도움을 줄 수 있다.

안마, 맛사지, 지압=동통, 그 외의 원인으로 연공이 불가능 하거나, 관절에 외상을 당했거나, 또는 고혈압, 신경 쇠약 등이 있으면, 안마, 맛사지 등의 치료를 보조적으로 실시하는 것이 좋다.

이상과 같은 보조 요법은 연공의 장해를 경감시키고, 순조롭게 연공이 가능하도록 하기 위한 것이다.

제 2 장

기공(気功)으로 병을 치료한다

병에 따른 연공법

- 기공 요법의 효과

오랜 시간의 임상 실험에서 볼 때, 기공에 의한 치료의 범위는 매우 광대하여, 1964년에 이르러 기공 치료의 적응증은 이미 80여 종에 달했다.

그 효과는 어느 정도인가 하면 - 예를 들면 소화 계통의 병에서는 평균 치유율은 52.3%, 유효율은 85% 이상. 그 중에서도 위궤양의 치유율은 매우 높고, 위하수·위확장의 효과는 낮다.

신경 계통의 병에는 평균 치유율은 63.2%, 유효율은 70% 이상이다.

그 외, 호흡 계통, 심혈관 계통, 내분비 계통, 비뇨 생식 계통의 병에도 같은 효과가 있고, 폐결핵, 고혈압, 당뇨병에 대한 효과가 비교적 현저하다.

암 치료에 있어서는, 증예(症例)가 조금 적어 아직 20예에 달하지 않는다. 어떤 것에는 일정의 효과가 있으면서, 어떤 것에는 무효 라고 하는 현상이 있으므로, 앞으로의 연구 발전에 기대해 본다.

원서(原書)에서는, 각 질병마다 서양 의학적 해설, 동양 의학적 해설, 임상증상, 기공 치료에 관하여 상세히 서술하고, 기공 치료의 배합 치료라고 하는 부분에서는, 이책(本書)에 소개한 이외의 기공법도 채용하고 있다. 그러나, 지면 관계상 모두를 소개하는 것은 불가능하므로, 원칙적으로 내양공, 강장공, 방송공, 보건공, 행보공, 태극권 이외의 기공법은 이미 서술 하였다.

따라서, 이하의 소개에서는 병명, 기공치료(주요 공법, 배합 공법), 침구 치료의 순으로 소개하도록 하겠다.

침구 치료의 부분은, 그 병에 대한 침구 치료 독자의 효과를 실적에 근거를 두고 필자의 임상 경험도 첨가하여 설명한다.

기공 요법에서도 마찬가지이지만, 침구 치료법 단독이 아닌, 동시에 서양 의학의 치료를 받을 필요가 있는 병도 많다.

그러나 약을 중심으로한 서양 의학의 화학 요법에, 동통 제거와 체질 개선에 유효한 침구 치료나, 체질 증강과 체질 개선에 위력을 발휘하는 기공 요법이 첨가되면, 보다 높은 효과가 기대됨은 의심할 여지도 없다.

- 소화 계통의 병

위·십이지장 궤양

[주요 공법] 내양공. 식욕 부진으로 식사 양이 적고, 말라 있는 사람이면 연 호흡법

이 좋다. 식욕이 있고, 위산이 많고, 통증이 심한 경우는 경 호흡법이 좋다.

　　　　　신체 허약자는 와식(臥式)을 주로 하고 보조적으로 좌식(坐式)을 사용한다.

　　　　　매일 4～6회, 매회 30분～1시간 연공한다.

　　　　　일을 계속하고 있는 경우는 아침 저녁의 휴식 시간을 이용하고, 매일 2～3회, 매회 30분～1시간.

〔배합 공법〕① 방송공＝수분간 연공하면 내양공 연공의 준비가 된다.
　　　　　② 보건공＝고치(叩齒), 수진(漱津), 차단전, 화대맥.
　　　　　③ 태극권

〔침구 치료〕 궤양통을 즉효적으로 제거하기 때문에 연공의 유력한 보조가 된다.

위하수(胃下垂)

〔주요 공법〕 내양공·연 호흡법 또는 경 호흡법.

　　　　　앙와식을 주로하든지, 미고식(尾高式＝엉덩이 부위에 이불 등을 깔든가, 베드의 발 쪽을 높인다). 위가 정상에 가까우면 적당하게 좌식을 첨가해도 좋다.

　　　　　매일 4～6회, 매회 30분～1시간 연공한다.

〔배합 공법〕① 보건공＝유복, 고치, 설공, 화대맥.
　　　　　② 보건조＝앙와하여 상체를 일으키고, 팔을 세워 엎드려 복근을 단련한다.
　　　　　③ 태극권

〔침구 치료〕 복부, 등 부분의 둔통 제거에 유효하고 복근의 영양을 좋게하고 근력을 붙인다.

만성 위염

〔주요 공법〕 내양공·연 호흡법이나 경 호흡법. 의수단전.

　　　　　소화 불량, 식욕 부진, 말라 있는 사람은 연 호흡법. 조금 통증이 있고 하복부가 불유쾌하지만, 소화 능력이 아직 좋은 경우는 경 호흡법.

　　　　　매일 4～6회. 매회 30분～1시간 연공한다.

〔배합 공법〕① 보건공＝유복부, 차요, 협척공
　　　　　② 태극권

〔침구 치료〕 어깨 부분, 복부의 결림을 목표로 치료하면, 동통, 불쾌감이 소실된다.

습관성 변비

〔주요공법〕 내양공·연 호흡법, 의수 단전

　　　　　매일 4～6회, 매회 30분～1시간 연공한다.

〔배합 공법〕 ① 방송공
② 보건공=유복, 차단전, 고치, 수진(漱津).
③ 태극권
〔침구 치료〕 하복부가 당기고, 요통, 두중(머리 무거움), 어깨 결림 등의 증상은 즉 효적으로 경감, 소실되고 변통도 생긴다.

유문협착(幽門狹窄)
〔주요 공법〕 내양공·연 호흡법.
앙와식이나 우측와식.
매일 4~6회, 매회 30분~1시간 연공한다.
〔배합 공법〕 ① 보건공= 차단전, 화대맥, 고치, 각해, 수진(漱津).
② 태극권

장 결핵
〔주요 공법〕 내양공·연호흡법, 의수 단전.
몸이 약한 사람은 와식을 주로 하고 좌식을 보조로 한다. 체질이 조금 좋은 사람은 좌식을 주로 하고 와식을 보조로 한다.
매일 4~6회, 매회 30분~1시간 연공한다.
〔배합 공법〕 ① 보건공
② 태극권

위 절제 후 증후군
〔주요 공법〕 내양공·경 호흡법, 의수 단전.
좌측 와식이나 앙와식을 주로 하고, 때때로 좌식을 사용한다.
매일 4~6회, 매회 30분~1시간.
〔배합 공법〕 보건공

만성 장염
〔주요 공법〕 내양공·경 호흡법, 의수 단전.
〔배합 공법〕 ① 보건공=유복, 차단전, 고치, 각해 등.
② 태극권
〔침구 치료〕 끈기 있게 장기에 걸쳐 계속 치료하면 더욱 유효하여 증상이 경감된다.

만성 충수염
〔주요 공법〕 내양공·경 호흡법, 의수 단전.
매일 4~6회, 매회 30분~1시간 연공한다.
〔배합 공법〕 ① 보건공=유복, 차단전.
② 태극권
〔침구 치료〕 우측 하복부의 통증이 완화된다.

소화 불량

〔주요 공법〕 내양공·경 호흡법, 의수 단전.
　　　　　　 와식을 주로 하고, 좌식을 보조로 한다.
　　　　　　 매일 4~6회, 매회 30~1시간 연공한다.
〔배합 공법〕 ① 보건공=유복, 차단전, 화대맥, 각해 등.
　　　　　　 ② 태극권
〔침구 치료〕 큰 효과를 기대할 수 있다.

급성 간염
〔주요 공법〕 내양공·연 호흡법, 의수 단전.
　　　　　　 와식이나 좌식을 사용한다.
　　　　　　 매일 3~4회, 매회 30분~1시간 연공한다.
〔배합 공법〕 ① 방송공
　　　　　　 ② 보건공
　　　　　　 ③ 행보공

만성 간염
〔주요 공법〕 내양공·연 호흡법, 의수 단전.
　　　　　　 와식이나 좌식을 사용한다.
　　　　　　 매일 4~6회, 매회 30분~1시간 연공한다.
〔배합 공법〕 ① 보건공=유복, 수진(漱津).
　　　　　　 ② 태극권
〔침구 치료〕 계속 치료에 의해 각종 증상이 완화되어 간다.

간경련
〔주요 공법〕 내양공·연 호흡법, 의수 단전.
　　　　　　 와식이나 좌식을 사용한다.
　　　　　　 매일 3~5회, 매회 30분~1시간 연공한다.
〔배합 공법〕 ① 강장공=좌식이나 참식, 자연 호흡, 의수 단전.
　　　　　　 ② 방송공
　　　　　　 ③ 태극권
〔침구 치료〕 초기의 증상 경감을 기대할 수 있다.

－심혈관 계통의 병

관상 동맥 경화증
중국에서는 관심병이라고 부르며, 임상상 5가지로 분류한다.

《급성 관심병》
　임상 상의 병상은 미미하지만, 안정시의 심전도에 명확하게 심근이 허혈(虛血) 상태에 있음이 나타나는 것.

《심근경색》

〔주요 공법〕 강장공·정 호흡법, 의수 단전.
　　　　　　참식이나 좌식을 사용한다.
　　　　　　매일 3~5회, 매회 30분~1시간 연공한다.
〔배합 공법〕 ① 방송공
　　　　　　② 보건공
　　　　　　③ 태극권

《협심증》
〔주요 공법〕 강장공·자연 호흡법, 의수 단전.
　　　　　　좌식을 사용한다.
　　　　　　매일 3~5회, 매회 30분~1시간 연공한다.
〔배합 공법〕 ① 방송공
　　　　　　② 보건공
　　　　　　③ 태극권
〔침구 치료〕 증상의 경감을 기대할 수 있다.

《심근경화》
　임상 상 중요한 것은 심장이 확대되고 심력이 쇠약하고 맥상이 실조된다는 것이다. 기공 요법은 협심증과 같다.

《부정맥》
〔주요 공법〕 강장공·자연 호흡법, 기침 단전.
　　　　　　좌식을 사용한다.
　　　　　　매일 3~5회, 매회 30분~1시간 연공한다.
〔배합 공법〕 ① 행보공
　　　　　　② 방송공

고혈압증
〔주요 공법〕 강장공·정 호흡법이나 심 호흡법. 흡기는 짧게, 호기는 길게.
　　　　　　매일 3~5회, 매회 30분~1시간 연공한다.
〔배합 공법〕 ① 방송공
　　　　　　② 보건공=여러 종류를 선택하여 단련한다.
　　　　　　③ 행보공
　　　　　　④ 태극권
〔침구 치료〕 계속 치료를 실시하는 것에 의해 상태가 경감하고, 소실되고, 혈압도 안정되어 간다.

레이노우병
〔주요 공법〕 강장공·정 호흡법, 의수 단전.
　　　　　　좌식을 사용한다.
　　　　　　매일 3~5회, 매회 30분~1시간 연공한다.

〔배합 공법〕 ① 방송공
         ② 보건공
         ③ 행보공
         ④ 태극권
〔침구 치료〕 초기에는 효과를 기대할 수 있다.

  풍습증(류마치스)
〔주요 공법〕 내양공·경 호흡법과 연 호흡법, 의수 단전.
         좌식이나 와식을 병용한다.
         매일 4~5회, 매회 30분~1시간 연공한다.
〔배합 공법〕 ① 보건공
         ② 행보공
         ③ 태극권
〔침구 치료〕 유효하다. 특히 초기에는 현저한 효과를 얻는 경우가 많다. 증상이 악화되어있는 경우도, 대증(対症)요법으로써 고통을 덜하게 하는데 유효하다.

—신경 계통의 병

  신경 쇠약
〔주요 공법〕 강장공·정 호흡법이나 심 호흡법, 의수 단전.
         좌식이나 참식을 사용한다.
         매일 2~3회, 매회 30분~1시간 연공한다.
〔배합 공법〕 ① 내양공·연 호흡법. 좌식이나 와식.
         ② 보건공=정공 단련 후에 전부나 몇 종류.
         ③ 방송공=강장공과 배합한다. 먼저 방송공을 수분간 단련한 후에 강장공을 실시한다.
         ④ 태극권
〔침구 치료〕 현저한 효과를 얻는 경우가 많다.

  히스테리
〔주요 공법〕 유도 기공(이책)에서는 소개하지 않았다. 이 병은 암시를 받기 쉽기 때문에, 기공 의사의 암시에 의해 기공을 실시한다.
〔배합 공법〕 ① 강장공=기분을 안정시키고 반응성을 수정할 수 있다.
         ② 내양공·자연 호흡법=좌식이나 와식을 사용한다. 좋은 말을 뽑아 묵념시키면 본병 발작 예방에 유효하다.

  위장 신경증
〔주요 공법〕 내양공·연 호흡법.
         좌식이나 와식을 사용한다.

　　　　　　　　매일 3~4회, 매회 30~40분간 연공한다.
〔배합 공법〕 ① 보건공＝유복, 각해, 수진.
　　　　　　② 태극권
　　　　　　③ 행보공
〔침구 치료〕 효과를 기대할 수 있다.

심장 신경증
〔주요 공법〕 강장공·정 호흡법.
　　　　　　좌식을 사용한다.
　　　　　　매일 4~6회, 매회 30분~1시간 연공한다.
〔배합 공법〕 ① 내양공·경 호흡법(정돈 시간은 짧은 편이 좋다). 의수 단전. 좌식.
　　　　　　② 방송공
　　　　　　③ 태극권
　　　　　　④ 행보공
〔침구 치료〕 많은 발작을 줄일 수 있다.

진행성 근 디스트로피
〔주요 공법〕 보건공. 정상 활동을 유지시키고, 증상 발전을 감소시키는데 도움이 된다.
　　　　　　매일 4~6회. 매회 30분~1시간 연공한다.
〔배합 공법〕 ① 행보공
　　　　　　② 태극권

척수염
〔주요 공법〕 내양공·연 호흡법, 의수 단전
　　　　　　와식이나 반 와식을 사용한다.
　　　　　　매일 4~6회, 매회 30분~1시간 연공한다.
〔배합 공법〕 ① 보건공＝여러 종류를 선택하여 단련한다.
　　　　　　② 태극권

자율 신경 실조증
〔주요 공법〕 강장공·정 호흡법, 의수 단전.
　　　　　　좌식이나 와식을 사용한다.
　　　　　　매일 4~5회, 매회 30분~1시간 연공한다.
〔배합 공법〕 ① 내양공＝경 호흡법, 연 호흡법을 교호하여 운용한다. 자세는 강장공과 같다.
　　　　　　② 보건공＝여러 종류를 선택하여 단련한다.
　　　　　　③ 태극권
　　　　　　④ 행보공

〔침구 치료〕 현저한 효과를 기대할 수 있다. 계속 치료에 의해 여러 가지 증상이 경감 소멸되어 간다.

중풍 후유증
〔주요 공법〕 강장공·자연 호흡법, 의수 단전.
　　　　　　 좌식을 사용한다.
　　　　　　 매일 4～5회, 매회 30분～1시간 연공한다.
〔배합 공법〕 ① 보건공＝증상에 의해 여러 종류를 선택하여 단련한다.
　　　　　　 ② 행보공＝활동할 수 있는 사람은 선택하여 실시한다.
　　　　　　 ③ 태극권＝증상에 따라 선택하여 사용한다.
〔침구 치료〕 끈기 있게 치료를 계속해 가면 예상 이상의 효과를 얻는 경우가 많다.

뇌동맥 경화증
〔배합 공법〕 ① 보건공＝명천고(鳴天鼓), 유태양혈.
　　　　　　 ② 행보공
　　　　　　 ③ 태극권
〔침구 공법〕 예방적, 보수적인 효과를 기대할 수 있다.

긴장성 두통
〔주요 공법〕 강장공·자연 호흡법, 의수 단전.
　　　　　　 좌식을 사용한다.
　　　　　　 매일 3～5회, 매회 30분～1시간 연공한다.
〔배합 공법〕 ① 방송공
　　　　　　 ② 보건공＝여러 종류를 선택하여 단련한다.
　　　　　　 ③ 행보공
〔침구 치료〕 적응하면 현저한 효과를 기대할 수 있다.

－호흡 계통의 병

폐결핵
〔주요 공법〕 활동성일 때는 강장공·정 호흡법. 좌식.
　　　　　　 매일 4～6회, 매회 30분～1시간 연공한다.
　　　　　　 비 활동성일 때는 내양공·경 호흡법이나 연 호흡법. 좌식을 많이, 와식은 적게.
　　　　　　 매일 4～6회, 매회 30분～1시간 연공한다.
〔배합 공법〕 활동성일 때는, 침상의 보건공을 선용하면 좋다.
　　　　　　 비 활동성일 때는, 태극권을 선용하면 좋다.
〔침구 치료〕 일찌기 특효약이 없었던 시대에는 침구 치료로 치유시킨 경우도 적지 않았다. 현재도 체력 증강 요법으로써 효과는 기대할만 하다.

만성 기관지염
〔주요 공법〕 내양공·연 호흡법, 의수 단전.
　　　　　　좌식과 와식을 병용한다.
　　　　　　매일 4～6회, 매회 30분～1시간 연공한다.
〔배합 공법〕 태극권
〔침구 치료〕 적당하게, 그러면 때에 따라서는 효과를 얻을 수 있다.
기관지 확장증
〔주요 공법〕 경증은 기관지염과 같고, 중증은 폐결핵과 같다.
〔배합 공법〕 경증은 기관지염과 같고, 중증은 폐결핵과 같다.
〔침구 치료〕 각혈, 객담 등의 증상이 경감하고, 체력 증강 작용에 의해 치유 회복을 돕는 경우가 적지 않다.
규폐증(硅肺病)
〔주요 공법〕 내양공·연 호흡법. 만일 정돈 호흡이 불가능하면 강장공·정 호흡법이나 심호흡법을 사용해도 좋다.
　　　　　　좌식이나 와식을 병용한다.
　　　　　　매일 4～6회, 매회 30분～1시간 연공한다.
〔배합 공법〕 보건공
기관지 천식
〔주요 공법〕 내양공·연 호흡법. 천식이 심한 사람은 강장공·정 호흡법을 연공해도 좋다.
　　　　　　좌식과 와식을 병용한다.
　　　　　　매일 4～5회, 매회 30분～1시간 연공한다.
〔배합 공법〕 ① 보건공
　　　　　　② 태극권
〔침구 치료〕 큰 효과를 기대할 수 있다.

－혈액 계통의 병

철 결핍성 빈혈
〔주요 공법〕 내양공·경 호흡법, 의수 단전.
　　　　　　좌식과 와식을 병용한다.
〔배합 공법〕 ① 강장공·자연 호흡법, 의수 단전, 자연반슬좌식.
　　　　　　② 행보공이나 간단한 태극권.
〔침구 치료〕 식사 요법이 필요한 것은 물론 침구 치료가 적응되는 경우도 많다.
영양 부족성 빈혈
　기공 요법은 철 결핍성 빈혈과 같다. 침구 치료도 철 결핍성 빈혈과 같다.

－비뇨·생식 계통의 병

신 결핵(腎結核)

〔주요 공법〕 ① 강장공·정 호흡법. 좌식을 주로 한다.
② 내양공·경 호흡과 연 호흡법, 의수 단전. 와식을 주로 한다.
〔배합 공법〕 ① 보건공=차신유, 유단전, 차용천, 화대맥 등, 증상에 따라 가감한다.
② 행보공
〔침구 치료〕 증상의 경감을 볼 수 있으며 대증(対症) 치료로써 기대할 수 있다.

만성 방광염

기공 요법은 신 결핵과 같다.
침구 치료도 효과를 기대할 수 있다.

만성 신염

기공 요법은 신 결핵과 같다.
침구 치료도 효과를 기대할 수 있다.

전열선염

기공 요법은 신 결핵과 같다.
침구 요법도 효과가 기대된다.

유정(遺精)

〔주요 공법〕 ① 내양공·경 호흡법. 좌식을 주로 한다.
② 강장공·자연 호흡법.
〔배합 공법〕 보건공=차신유, 차용천, 점회음혈, 유단전, 화대맥 등.
〔침구 치료〕 현저한 효과를 거두는 경우가 많다.

임포텐쯔

기공 요법은 유정과 같다.
침구 치료도 현저한 효과를 거둘 수 있다.

조루(早漏)

기공 요법은 유정과 같다.
침구 치료도 현저한 효과를 거둘 수 있다.

- 내분비·대사 계통의 병

갑상선 기능 항진증

〔주요 공법〕 강장공·정 호흡법이나 심 호흡법.
매일 3~5회, 매회 30분~1시간 연공한다.
〔배합 공법〕 ① 보건공
② 행보공
〔침구 치료〕 병의 경감이 기대된다.

- 부인과 계통의 병

기능성 자궁 출혈
〔주요 공법〕 강장공・정 호흡법, 의수 단중혈.
　　　　　　와식을 사용한다.
〔배합 공법〕 보건공=유복, 차내신, 화대맥.
〔침구 치료〕 현저한 효과를 얻는 경우가 있다.
원발성 무월경
〔주요 공법〕 강장공・정 호흡법, 의수 하단전.
　　　　　　좌식을 주로 하고 참식을 보충한다.
〔배합 공법〕 ① 태극권=초기에는 간단한 24식, 후기에는 88식.
　　　　　　② 행보공=전타 단전 후 타신(前打 丹田 後 打腎).
　　　　　　③ 보건공=유소복, 차양신, 화대맥.
〔침구 치료〕 현저한 효과를 얻는 경우도 있다.
생리통
〔주요 공법〕 내양공・연 호흡법, 의수 단전.
　　　　　　좌식과 와식을 교호하여 사용한다.
　　　　　　매일 3회, 매회 30분~1시간 연공한다.
〔배합 공법〕 보건공=차양신, 차미골, 차용천, 화대맥 등.
〔침구 치료〕 큰 효과를 기대할 수 있다.
자궁 탈출
〔주요 공법〕 내양공・경 호흡법, 의수 단전.
　　　　　　개시 시는 와식을 주로 하고, 후기에는 좌식과 와식을 병용한다.
〔배합 공법〕 ① 보건공=유소복, 차양신, 화대맥.
　　　　　　② 행보공=전타 단전 후 타신.
자궁 경미란(子宮經糜爛)
기공 요법은, 자궁 부속기염과 같다.
임신 중독증
임신 수종, 임신 신병 등이다.
〔주요 공법〕 강장공・정 호흡법, 의수 단전.
　　　　　　좌식과 참식을 교호하여 사용한다.
　　　　　　매일 3~5회, 매회 30~1시간 연공한다.
〔배합 공법〕 방송공=매일 1~5회, 매회 30분간 연공한다.
주의 =임신 2개월 후는 내양공의 경 호흡법, 연 호흡법의 연공을 실시해서는 안 된다. 자연 호흡법을 실시해야 한다.
〔침구 치료〕 경증인 사람에게는 적용한다.

－오관과(五官科) 계통의 병

녹내장
〔주요 공법〕 방송공. 와식을 주로 한다.
매일 4~5회, 매회 30분~1시간 연공한다.
〔배합 공법〕 ① 보건공=목공, 명천고, 유태양혈 등.
② 행보공
〔침구 재료〕 안구의 동통 경감 등에 효과가 있다.

시신경 위축
〔주요 공법〕 내양공·연 호흡법, 의수 단전.
좌식, 와식, 참식 어느 것이라도 좋다.
〔배합 공법〕 ① 보건공=목공, 유태양혈, 유풍지, 미공, 차용천 등.
② 태극권
〔침구 치료〕 병의 진행을 억제하고, 시력을 얼마간 회복시키는 경우도 있다.

근시
기공 요법은 시 신경 위축과 같다.
침구 치료는 가성 근시에 대해서는 현저한 증상의 경감을 일으키는 경우가 많다.

중심성 망막 맥락염
기공 요법은 시 신경 위축과 같다.
침구 치료는 유효하고, 증상을 호전시키는 데 역할을 한다.

시 망막 색소변성
기공 요법은 시신경 위축과 같다.

만성 편도체염
〔주요 공법〕 강장공·정 호흡법, 의수 단전.
좌식을 주로 한다.
〔배합 공법〕 보건공=각해, 수진.
〔침구 치료〕 큰 효과를 기대할 수 있다. 계속 치료에 의한 예방 효과도 있다.

신경성 이농(耳聾)
〔주요 공법〕 내양공·경 호흡법.
와식과 좌식을 겸용한다.
매일 4~6회, 매회 30분~1시간 연공한다.
〔배합 공법〕 행보공=전타 단전 후 타신.
〔침구 치료〕 이농에 대한 효과는 일정하지 않으며, 그다지 큰 효과는 기대할 수 없다.

메니에일 병
〔주요 공법〕 내양공·연 호흡법, 의수 단전.
와식을 주로 한다.
매일 4회, 매회 30분~50분 간 연공한다.

기공 태극권(気功太極拳)

　태극권이 기공의 중요한 보조 요법으로 사용되며, 그 자신이 일종의 기공이라고도 간주되고 있는 것은 앞에서도 서술했다. 제2장의 병 별 연공법 중에 채용되어 있는 것에서도, 의료 효과가 높다는 것을 알 수 있을 것이다.
　그러면, 어째서 태극권은 일종의 기공으로써 간주되고 있는 것일까? 여기에서는 그것에 대하여 조금 살펴 보도록 하겠다.
　서장에서 말했듯이, 많은 종류의 기공이 있지만 어느 기공에나 조신(調身 : 자세를 정비한다)과 조식(調息 : 호흡을 정비한다), 조심(調心 : 정신을 정비한다) 이라고 하는 3가지의 공통 원칙이 있다.
　이 3가지 원칙을 태극권에 맞추어 보기로 하겠다.
　1. 조신. 태극권은 본래 무술이었기 때문에 부정확한 자세, 동작으로는 방어 공격이 불가능하여, 적에게 패하기 때문에, 정확한 자세, 동작이 요구 되어진다. 그러한 요구의 대표적인 것으로써 「신법 중지(身法中止 : 신체를 바로한다)」, 「허령정경(虛領頂頸 : 머리와 목을 자연스럽게 똑바로 편다)」, 「함흉발배(含胸拔背)」, 「침견추주(沈肩墜肘)」가 있는데, 이것은 모두 내양공, 강장공의 연공법의 조신의 요령과 거의 같음을 알 수 있을 것이다.
　그리고, 이들의 대전제로써 「내외방송(內外放鬆)」이 있는데, 이것도 기공법의 대전제인 「내(內)」즉, 의식과 「외(外)」즉, 신체와를 모두 릴렉스시킨다고 하는 의미이다.
　2. 조식. 태극권에는 여러 종류의 유파가 있으나, 초보 때에 가볍게 입을 다물고, 입 또는 코로 숨을 내 뿜고, 코로 숨을 들이 마시는 자연 호흡을 각 동작에 맞추는 것은 공통되어 있다.
　그리고 숙련됨에 따라 「기침 단전(気沈丹田)」이 요구되어 지는 것은, 기공과 완전히 같다.
　3. 조심. 태극권은 「용의 불용력(用意不用力)」이라고 하여 힘을 사용하지 않고, 의식에 의해 전 동작을 이끌어 간다. 그래서 「심정(心静)」 즉, 정신을 안정시키고, 잡념이 적은 상태가 요구된다.
　여기에서, 태극권의 연습은 기공의 연공과 마찬가지로 「입정(入静)」에 도달하는 것이 가능하다고 말해지고 있다.
　태극권은 심신을 릴렉스 시켜, 조신하고, 조식하고, 조심하여 연습해 가기 때문에 일종의 기공이라고 간주되고 있는 것이다.
　제3장에서 소개할 「8식 태극권」은 초보자에게 맞게 편성되어 있어, 의료 체육으로써도, 기공으로써도 매우 우수한 역할을 할 것이다.

제 3 장
가장 쉬운 태극권 입문

8식 태극권(八式太極拳)

「8식 태극권」은 필자가 사람의 생리 상의 특징에 근거하여 양씨(楊氏) 태극권 중의 8가지의 핵심 동작을 뽑아, 상지(上肢)에서 하지(下肢), 경(輕)에서 중(重), 간(簡)에서 번(繁), 그 장의 연습에서 활보(活步 : 발을 움직임)로의 연습의 원칙에 비추어, 처음 배우는 사람의 형편에 맞도록 편성한 것이다.

이 특징은 동작이 간단하며, 배우기 쉽고, 외우기 쉬워 남녀노소를 막론하고 누구라도 연습이 가능하다고 하는 점이다. 만일 장기간 연습을 계속하면, 병을 예방하고 신체를 건강하게 하여, 장수를 누리는데 효과가 있을 것이다.

이「8식 태극권」은 널리 호평을 받아 태극권 학습의 입문의 일종으로써 인정되고 있다.

연공하는데 있어서 다음과 같은 점에 주의한다.

동작에는 본래의 그 장과, 행진의 두가지가 있다. 본래의 장에서 하는 동작을 원지 동작이라 한다. 원지 동작은 사진과 설명에 비추어, 하나씩 자세를 원지에서 6~8회 연습한다. 행진 동작은「운수(雲手)」에서 시작하여 제8동(動)인 「십자수(十字手)」로 끝난다. 양 발과 양 손을 모아 좌우 왕복의 활보 연습을 실시한다. 하나씩인 동작은 3~5회 중복할 수 있다.

원지이거나, 활보이거나, 동작이 연속되고 완만하고 부드럽고, 길게 계속되어 끊기는 일이 없도록 해야 한다.

그 외, 연공자가 원하면, 어떤 하나의 식을 선택하여 시간을 측정하여 동작 횟수를 한정하지 않는 단식 중복 연습을 해도 좋다.

또, 초보자는 사진을 보며 연습할 수 있다. 우선 사진을 참조하여 동작을 기억하고, 그 후에 동작의 완성된 상태를 배우며, 일식(一式)씩 동작의 틀림을 수정해 간다. 끊임없이 동작의 질을 높인다는 생각을 갖고, 결코 수정하기 어려운 동작을 행하지 않도록 한다.

동작에 숙련된 다음은 제1로, 시선과 동작의 밀접한 조합에 주의해야 한다. 마음이 분산되는 것이 가장 좋지 않다.

제2로, 호흡과 동작의 밀접한 배합에 주의해야 한다. 동작의 시작인「개(開)」는 흡=숨을 들이 마시고, 동작의 끝인「합(合)」은 호=숨을 내 쉰다. 개합(開合)과 호흡을 자연스럽게 조절하여 정기의 충족에 힘쓸 것.

제3으로, 혀 끝을 윗턱에 대는 습관을 길러야 한다. 타액을 입 안에 넘치게 하여 목에서 위 부분으로 내려, 소화를 돕고 위의 기능을 증강시킨다.

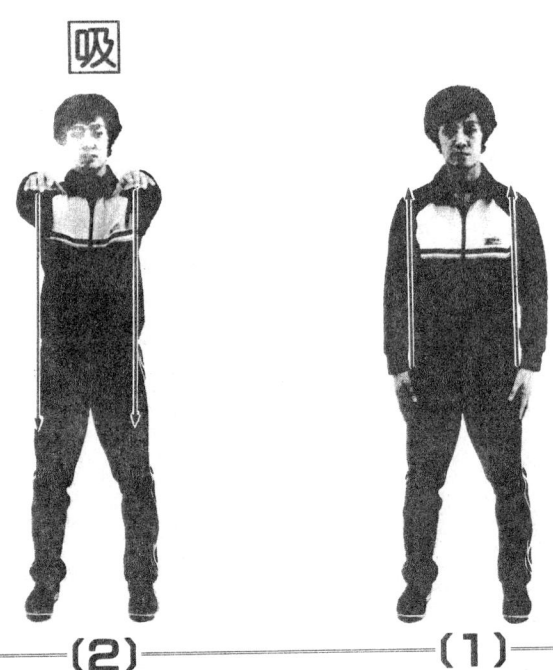

1 태극 기세(起勢) =준비운동

〔준비〕 양발을 어깨 넓이로 벌리고 선다. 머리와 목줄기를 똑바로 하여 머리 끝을 조금 윗쪽으로 찔러 올리듯이 자세를 취한다. 양 손은 몸 옆에 내리고 흉부는 자연스럽게 안쪽으로 오목하게 하고 근육을 릴렉스시킨다. 호흡을 조정하여 혀 끝을 윗턱 부분에 붙이고 잡념을 제거하여 정신을 집중한다. 양 눈은 먼 곳의 한 점을 주시한다 (사진 1).

〔동작〕 ① 양 손을 어깨 높이까지 앞쪽에서 올린다(숨을 들이 마신다). 양 손의 손가락은 자연스럽게 벌리고 손바닥은 아래쪽으로 향한다 (사진 2). (사진 상의 호·흡은 그 동작의 호흡을 나타낸다).

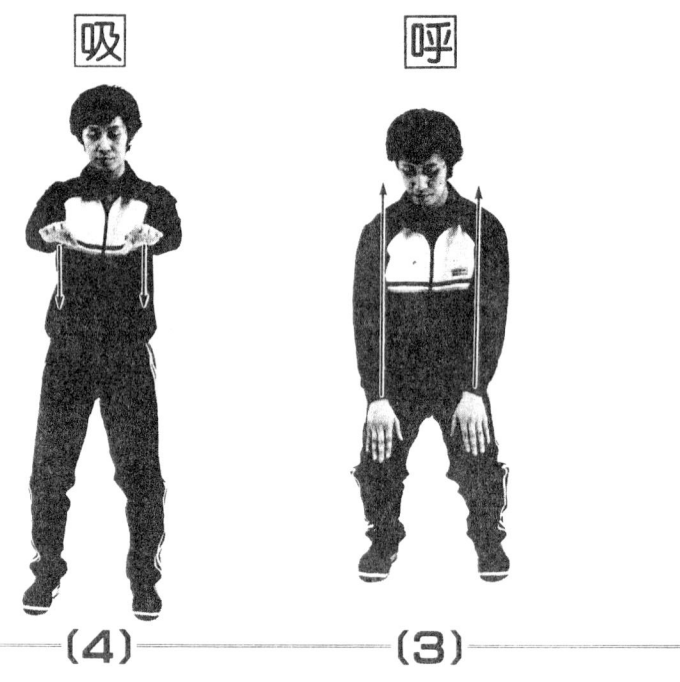

② 양 발의 무릎을 구부려 간다. 반중간 정도의 상태일 때에 양 손의 손바닥으로 아래쪽을 누르듯이 내려, 양 무릎의 위에 가져 간다(숨을 내 쉰다). 상체는 똑바로 유지하고 눈은 앞쪽을 본다(사진 3).

③ 양 무릎을 펴 일어 난다. 동시에 양손을 앞으로 수평하게 올린다 (숨을 들이 마신다) (사진 4).

〔요점〕 팔을 올릴 때 팔의 근육, 손목은 릴렉스 시키고, 손가락은 아래로 내린다. 아래로 누를 때 어깨와 팔꿈치를 침하(沈下)시키고, 손 끝은 위를 향한다. 반 웅크렸을 때 양 손바닥이 무릎에 닿는 것을 표준으로 한다.

상체는 똑바로 유지하고, 가슴을 자연스럽게 오목하게 하고, 의식을 단전 (배꼽 아래) 에 집중한다.

호흡, 동작, 의식의 3가지를 차례로 밀착하여 조합시켜 간다.

〔작용〕 이것은 태극권 개시 전의 준비 운동. 근육, 혈맥을 활동시켜 가며, 호흡 기관의 작용을 조절한다. 잡념을 제거하는 것이 가능하면 정신을 집중시킬 수 있고, 눈 등의 기능도 단련할 수 있다.

② 운수(雲手)=상지(上肢) 운동

〔준비〕 무릎을 구부려 반 웅크린다. 상체는 똑바로 하고, 양손을 복부 앞쪽까지 내려 가져 간다(숨을 내 쉰다) (사진 1).

〔동작〕 ① 왼발을 왼쪽으로 반보 이동, 왼발을 똑바로 펴고 오른쪽 무릎을 구부려, 중심을 오른발에 내린다. 양 발끝을 바르게 앞으로 향하고, 상체를 조금 오른쪽으로 돌린다. 동시에 오른손을 바르게 앞으로 원을 그리면서 움직여, 오른쪽으로 어깨 높이 만큼 가져 간다. 손바닥은 위로 향한다. 왼손은 아래에서 손 바닥을 돌려, 위로 향하여 물건을 받쳐 올리듯이 하여 오른쪽 어깨 앞으로 가져 간다 (숨을 들이 마신다). 양 눈은 왼손의 인지를 주시한다 (사진 2).

② 상체를 왼쪽으로 돌리고, 이것에 따라 왼손을 우측에서 안면 부분의 앞쪽을 거쳐, 왼쪽으로 원을 그려 왼쪽 어깨로 가져 간다 (숨을 내 쉰다). 손바닥은 윗쪽을 향하고, 손가락은 눈 높이. 동시에 오른손을 몸이 왼쪽으로 돔에 따라 오른쪽에서 아래쪽으로 원을 그리며 우측 배 앞으로 가져 간다. 손바닥은 안쪽으로 향한다. 오른발은 똑바로 펴고, 왼쪽 무릎을 구부려, 중심을 왼발에 둔다. 양 발 끝은 바르게 앞쪽으로 향한다. 양 눈은 움직임에 따라 왼손을 본다(사진 3).

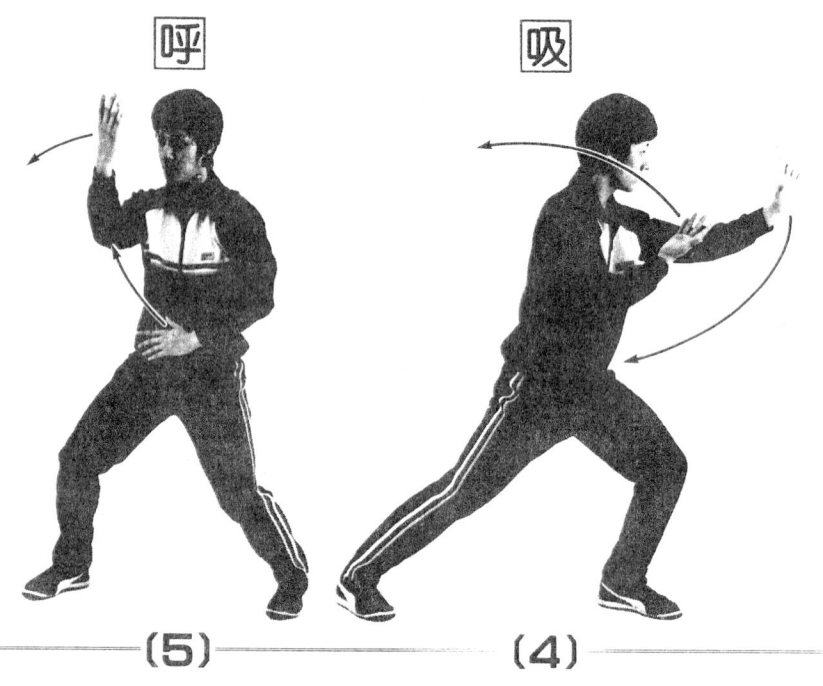

③ 왼손 손바닥을 돌려 아래로 향하여, 왼쪽 어깨 바깥쪽으로 내려 간다. 동시에 오른손 손바닥을 바꾸어 위를 향하여 물건을 받치듯이 하여 왼쪽 어깨 앞으로 가져 간다. 손가락은 눈 높이. 눈은 오른손의 인지를 본다.(숨을 들이 마신다). (사진 4).

④ 왼발을 펴고, 오른 무릎을 구부려, 중심을 오른발에 옮긴다. 동시에 상체를 서서히 우측으로 돌리고, 이것에 따라 오른손을 안면 앞쪽을 거쳐 원을 그려 오른쪽 어깨 앞으로 가져 간다 (숨을 내쉰다). 손바닥은 위쪽을 향하고, 손가락은 눈 높이. 동시에 왼손을 아래로 왼쪽 배 앞을 지나 원을 그리며 오른쪽 배 앞으로 가져 간다. 손바닥은 안쪽을 향하고, 눈은 오른손의 인지를 본다(사진 5).

⑤ 중복 동작《사진 2~5》를 반복하고 (사진 6~8), 다음의「루슬추장(摟膝推掌)」《사진 1》이 된다.

〔요점〕「운수(雲手)」를 실시할 때는, 허리와 척추를 축으로 몸을 회전한다. 허리, 넓적다리 관절을 릴렉스시키고, 상체를 똑바로 유지해야 한다.

양 손의 근육도 릴렉스 시키고, 팔꿈치 끝을 아래로 내려 반원형이 되게 한다. 양 무릎의 움직임은 손 동작에 맞추고, 점차로 굴신시켜 허리, 무릎을 충분히 활용시키도록 한다.

운동량을 크게 하려는 경우는 동작의 마무리를 깨지 않는 범위에서 신체의 중심을 조금 하강시켜, 운수(雲手)의 폭을 증대시켜도 좋다. 또, 상체를 가능한한 뒷

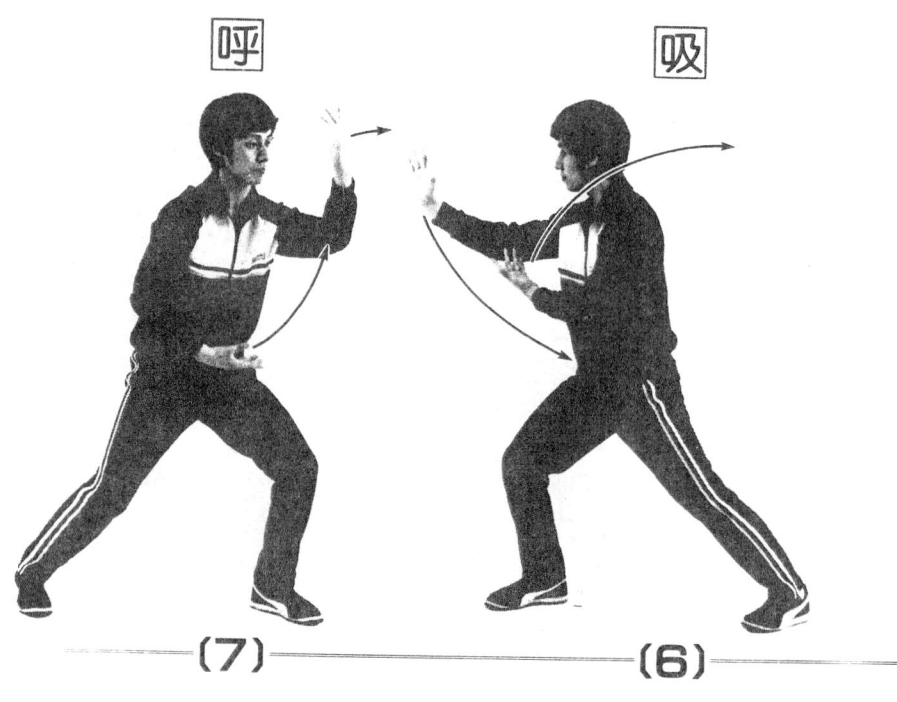

쪽으로 회전시켜도 좋지만, 양 발바닥을 이동시켜서는 안된다.

[작용] 이 식은 밖으로 향하여 원을 그리는 「개(開)」를 주로 하며, 운동량은 많지 않다. 호흡의 조합에 주의하면, 심폐, 내장, 혈관 등의 기능을 촉진시킬 수 있다.

조금 장시간의 단식 연습을 하면, 고혈압, 관상동맥 경화증, 위궤양, 요슬(腰膝) 관절염, 가벼운 폐결핵 등의 병에 효과가 있다.

③ 루슬추장(摟膝推掌) = 어깨, 무릎 운동

〔준비〕「운수(雲手)」에 이어 사진 ①에서 신체를 조금 좌측으로 회전하여 중심을 왼발에 이동시키고, 오른발의 끝을 들어 안쪽으로 끌어 당겨 단단히 내린다. 동시에, 몸의 움직임에 따라 왼손을 왼쪽 위에서 오른쪽 가슴 앞으로 원을 그리면서 내린다. 손바닥은 아래를 향한다. 동시에 오른손을 아래로 향하여 원을 그려, 오른쪽 배 앞으로 가져 간다. 손바닥은 윗쪽을 향한다(숨을 내 쉰다). 왼손과 오른손은 서로 마주하여 마치 볼을 오른쪽 배 앞에서 품고 있는 듯한 상태(「포구식」이라고 한다)가 되도록 한다. 이 때, 몸의 중심을 오른발에 이동시키고, 무릎을 구부린다. 왼발은 오른발의 안쪽으로 끌어당겨 붙이고, 발 끝만을 접지(땅에 댐)한「허보(虛步)」의 자세를 취한다 (사진 2).

〔동작〕① 오른손을 오른쪽 위 어깨의 높이로 올린다. 손바닥은 위를 향하고, 눈은 인지를 본다. 왼손은 동시에 배 앞으로 내리고, 손바닥을 아래로 향하여 누른다(숨을 들이 마신다). 양 무릎은 조금 구부린다(사진 3).

② 왼발을 앞쪽으로 구부려 전진하여, 왼쪽 무릎을 구부리고, 오른발을 펴「좌궁보(左弓步)」가 되게 한다. 동시에, 오른손은 몸의 왼쪽 돌림에 따라 팔꿈치를 구부려 어깨 위쪽, 귀쪽을 거쳐 중심이 앞으로 이동됐을 때 앞쪽으로 눌러 내민다(숨을 내쉰다). 이것을「추장(推掌)」이라고 한다. 손바닥은 어깨의 높이로 세우고, 손바닥은 앞쪽을 향한다. 왼손은 ①에서 계속하여 왼쪽 무릎의 안쪽으로 내려 간다. 무릎 근처를 안, 앞, 밖쪽으로 휘 두르고 왼쪽 무릎 바깥쪽으로 가져 갈 때 손바닥은 아래를 향한다.

　③ 오른손이 위, 왼손이 아래인「좌허보포구식 (左虛步抱球式)」이 된다. 동작의 요령은「준비」와 같고 단, 자세의 좌우가 반대로 될 뿐이다 (숨을 내 쉰다) (사진 6~7).
　④「우루슬 좌추장(右摟膝 左推掌)」을 실시한다. 동작의 요령은 ①, ②와 같지만, 자세의 좌우가 반대가 된다 (《사진 8》에서 숨을 들이 마시고, 《사진 10》에서 숨을 내 쉰다) (사진 8~10).
　〔요령〕 어깨와 허리의 비틈을 부드럽게 해야 한다. 상체가 웅크려져서는 안된다. 신체의 중심은 거의 앞발로 옮긴다. 손을 눌러 내는「추장(推掌)」때, 눈은 눌러 내는 쪽의 손의 인지를 본다.
　앞 손바닥의 손가락은 앞쪽으로 향하고, 뒷 손바닥은 이것에 따라 점차로 앞쪽으로 눌러 낸다. 동작은 연속하여 실시되어져야 한다.
　어깨를 낮추고, 팔꿈치를 내리고, 가슴 부분은 자연스럽게 안쪽으로 오목하게 한다.
　〔작용〕 이 식은 안쪽에 원을 그리는「합(合)」을 주(主)로 한다. 어깨, 팔꿈치, 허리, 척추, 무릎 관절의 혈액 순환의 촉진에 유효하며, 관절염의 발생을 방지한다. 장기간, 단식 단련을 실시하면, 동통을 경감시키고 병마를 제거할 수 있다.

―(2)― ―(1)―

―(4)―

― 4 야마분종(野馬分鬃) =
가슴, 허리 운동

〔준비〕「루슬추장」에 이어, 신체를 좌로 회전시켜 뒷쪽의 왼발에 중심을 얹고, 오른발은 펴 발끝을 올려, 안쪽으로 끌어 당겨 단단히 내린다. 왼손은 오른쪽에서 안면 앞을 지나(이때 손바닥은 밖으로 향한다), 왼쪽 아래로 원을 그려 오른쪽 배 앞으로 가져 간다. 손바닥은 동작에 따라 서서히 돌려 아래쪽으로 향한다.

동시에 오른손은, 아래쪽에서 위로 손을 돌려 안쪽으로 향하여 원을 그려 오른쪽 가슴 앞으로 가져 간다. 손바닥은 아래로 향한다(숨을 들이 마신다). 오른손과 왼손은 서로 상하로 마주하고, 마치 볼을 오른쪽 가슴 앞에 품고 있는 듯한「포구식(抱球式)」을 한다 (사진 1).
　이어서, 신체의 중심을 또 오른발로 옮기고 오른쪽 무릎을 구부린다. 왼발은 오른발의 안쪽으로 끌어 당겨 (사진 2), 발 끝만을 지면에 댄「허보(虛步)」가 되도록 한다 (사진 3).
　〔동작〕① 왼발을 올려 왼쪽으로 반 보 내 디디고, 오른발을 편「좌궁보(左弓步)」로 서서히 되도록 한다. 동시에, 왼손은 왼편 윗쪽에, 오른손은 우측 아래로 향하여 나누어 편다 (사진 4~6). 왼손은 눈의 높이로, 손바닥은 비스듬하게 앞쪽을 향한다. 오른손은 우측 넓적다리 관절 옆에 손바닥을 아래로 향하고, 손가락을 앞으로 향하여 나누어 편다. 눈은 왼손을 본다.

② 왼손은 왼쪽 뒷쪽을 향하여 원을 그리고, 손바닥을 뒤집어 아래쪽으로 향하고, 팔꿈치를 구부려 좌측 가슴 앞으로 가져 간다. 오른손은 손바닥을 뒤집어 위로 향하고, 올려 좌측 배 앞으로 가져 간다. 동시에, 신체의 중심을 뒷쪽의 오른발에 얹고, 왼발의 발끝을 올려 안쪽으로 끌어당겨 단단히 내린다 (숨을 들이 마신다) (사진 7).

이어 신체를 우측으로 돌리고, 중심을 또 왼발에 얹고, 오른발을 왼발의 안쪽으로 끌어 당겨 붙이고(사진 8), 발끝만을 땅에 대고, 왼손이 위, 오른손이 아래에 있게 한다 「우허보 포구식 (右虛步抱球式)」이 된다(사진 9).

③ 오른쪽에 야마분종(野馬分鬃) 을 실시한다. 동작의 요령은 ①과 같으며, 단, 자세의 좌우가 반대로 될 뿐이다.

(숨을 내 쉰다) (사진 10~12).

[요점] 상체는 똑바로 하고, 가슴 부분을 릴렉스시켜 편다. 양 팔을 나누어 벌릴 때는 우선 신체의 중심은 내려야 한다.

그것에 이   어깨를 밖으로 벌리고, 서서히 팔을   켜 수평으로 원을 그려간다. 몸의 회   양팔의 나누어 벌리기, 중심의 이동   흡은 완만하고 자연스럽게 협조,   되어야 한다.

[작] 이   가슴을 펼 것, 허리를 똑바로   이 주(主)이다. 등의 구부러   에 유효하다. 또, 흉부를 세우고 벌려 호흡 기능을 증강시키고, 허리 부분의 근육의 힘을 상하게 하기 때문에, 폐기종, 허리 염증, 심근 경색 등의 병의 예방, 치료에도 효과가 있다.

5 람작미(攬雀尾) = 전신 운동

〔준비〕「야마분종(野馬分鬃)」에 이어,《사진 1》에서 오른손을 오른쪽 뒤로 향하여 수평으로 원을 그려, 손바닥을 뒤집어 아래쪽으로 향하고, 팔꿈치를 구부려 오른쪽 가슴 앞으로 가져 간다. 왼손은 손바닥을 뒤집어 윗쪽으로 향하고, 올려 오른쪽 배 앞으로 가져 간다. 동시에, 신체의 중심을 뒷쪽의 왼발에 얹고, 오른발의 끝을 올려 안쪽으로 끌어 당겨 단단히 내린다 (숨을 들이 마신다).

이어서 몸을 좌로 돌리고, 중심을 오른발에 두고, 왼발을 오른발 안쪽으로 끌어 당겨 붙이고 (사진 2), 발 끝만을 바닥에 대고, 오른손이 위, 왼손이 아래가 된다. 「좌 허보 포구식(左虛步 抱球式)」이 된다 (사진 3).

〔동작〕① 왼발을 왼쪽으로 일보 내디디고, 중심을 왼발에 옮긴「좌궁보(左弓步)」가 된다. 동시에 왼손을 아래쪽에서 좌측으로 향하여 받치듯이 낸다. 이 동작을「붕(掤)」이라고 한다. 팔꿈치는 조금 구부려 어깨의 높이. 손바닥은 안쪽을 향한다. 오른손은 내려 오른쪽 넓적 다리 옆으로 가져 간다. 손바닥은 아래쪽을, 손가락은 앞쪽을 향한다. 눈은 앞팔을 본다 (숨을 내 쉰다) (사진 4~5).

② 양손을 앞으로 편다. 왼손 손바닥은 뒤집어 아래로 향하고, 오른손 손바닥은 뒤집어 위로 향하고, 오른손의 중지는 왼손 손목에 댄다. 그 다음, 신체의 중심을 뒷발에 두고, 양손을 앞쪽에서 뒷쪽으로 내리고(이 동작을「이(攦)」라고 한다), 배 앞쪽을 지나 오른쪽 뒤로 원을 그린다. 오른손은 비스듬히 위로 올리고, 팔꿈치를 조금 구부려 손바닥을 위로 향한다. 왼손은 팔꿈치를 구부리고, 손바닥을 안쪽으로 향하여 가슴 앞에 둔다. 눈은 오른손을 본다(숨을 들이 마신다) (사진 6~7).

③ 앞의 움직임에 이어 상체를 조금 좌측으로 돌린다. 몸의 회전에 따라, 왼손 손바닥을 안쪽으로 뒤집고, 팔꿈치를 구부려 앞팔을 가슴 앞에 수평하게 둔다. 오른손 손바닥은 뒤집어 아래쪽으로 향하여, 좌측 앞팔의 안쪽에 붙인다(사진 8).
이어서 중심을 전방으로 이동하고, 좌측 앞팔을 앞으로 내 민다 (숨을 내쉰다). 이 동작을「제(濟)」라고 한다. 좌궁보가 되도록 하고, 눈은 좌측 앞팔을 본다 (사진 9).

④ 양팔을 앞으로 펴고, 어깨 높이의, 어깨 폭으로 나누어 벌린다(오른손은 왼손 손등의 위를 지나 앞으로 편다). 양손의 손바닥은 아래쪽을 향한다. 그 다음, 중심을 뒷쪽의 오른발에 두고, 왼발의 발끝을 올린다. 동시에, 양손의 손목을 올리고 (손가락은 내린다), 팔꿈치를 구부려 배 부분 앞쪽으로 되돌린다(숨을 들이 마신다). 눈은 앞쪽을 수평하게 본다(사진 10~12).

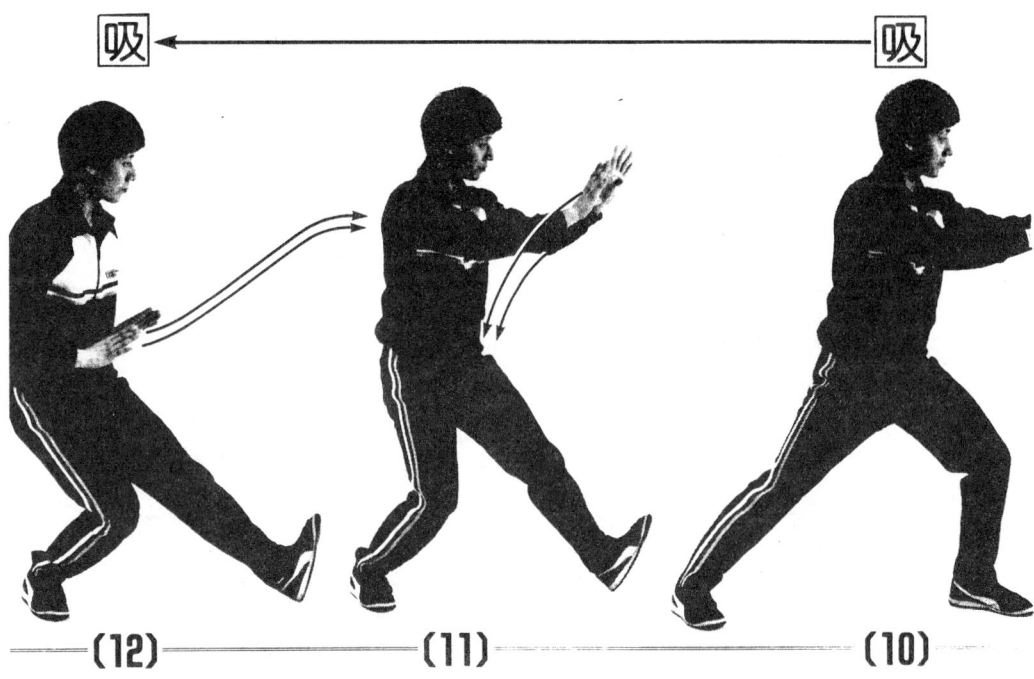

呼

吸

(13)

(15) (14)

⑤ 중심을 앞쪽으로 이동하는 것과 동시에 양손으로 호를 그려 앞쪽 아래를 손바닥으로 누른다 (숨을 내 쉰다). 이 동작을「안(按)」이라고 한다.
「좌궁보」가 되게 눈은 앞쪽을 수평하게 본다(사진 13).

⑥ 오른쪽에「람작미식(攬雀尾式)」을 실시하기 위하여「우허보 포구식(右虛步 抱球式)」이 되는 동작을 실시한다. 이어서, 중심을 뒷쪽 오른쪽 다리에 얹고, 왼발 끝을 들어 안쪽으로 당겨 내린다. 신체를 우측으로 90도 돌리는 것과 동시에, 오른손은 오른쪽으로 호를 그린다. 그리고, 양 팔을 양 옆으로 수평하게 들고, 양손의 손가락 끝을 세워「입장(立掌)」이 되게 한다. 눈은 오른손 손등을 본다 (사진 14~15).

이어서 중심을 왼발로 이동하고, 오른발을 편 다음, 왼발의 안쪽으로 끌어 당겨 붙이고, 발끝만을 땅에 대는「좌허보」가 되게 한다. 동시에, 오른손을 내려 돌려, 왼쪽 배 앞쪽으로 가져 간다. 왼손은 팔꿈치를 구부려 어깨 앞쪽에 두고, 양손 손바닥이「포구식(抱球式)」이 되게 한다 (숨을 들이 마신다) (사진 16~17).

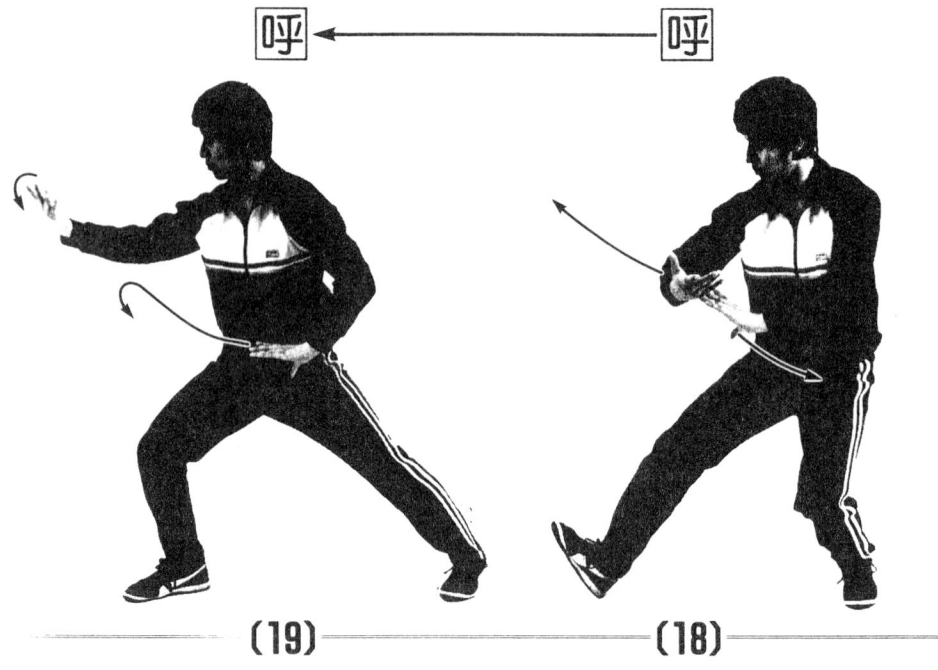

(19)　　　　　　　　(18)

⑦ 이하 ①에서 ⑤까지와 좌우 반대의 동작을, 「붕(掤)」 (사진 18~19), 「리(攦)」 (사진 20~21), 「제(擠)」 (사진22~23), 「안(按)」 (사진 24~27)을 순차로 실시한다.

〔요점〕 「붕(掤)」의 동작 때는 양 어깨를 침하(沈下)시키고, 양팔은 반원형이 되도록 한다. 중심의 앞쪽 이동과 손팔의 동작은 일치 협조시켜야 한다.

「리(攦)」의 동작 때는 중심을 뒷발에 얹는 것과 동시에, 손팔을 뒤로 끌어 내린다. 손은 원을 그리고, 짝짝이가 되어서는 안된다. 「제(擠)의 동작 때는 상체를 똑바로 하고, 눈은 좌측 앞팔을 주시한다. 호흡, 중심의 앞쪽 이동을 일치 협조.

「안(按)」의 동작 때는, 양손은 곡선상을 움직여야 한다. 어깨를 가라앉히고 팔꿈치를 내려 조금 구부린다. 손의 형은 손가락 끝이 위쪽을, 손바닥이 앞쪽을 향한 「입장(立掌)」이 되게 한다. 상체가 앞으로 기울어져서는 안된다.

「붕」, 「리」, 「제」, 「안」은 태극권에 있어서 핵심 동작이다. 동작은 연속되어져야 하며, 하나 하나씩 동작을 확실하게 실시하여야 한다.

허리와 척추를 축으로 하여 손 팔의 운동을 이끌어 원활하게 움직이도록 한다. 아랫배의 앞뒤의 굴신(屈伸)도 상지(上肢)의 운동에 밀접하게 조합되어야 한다.

〔작용〕 이 식은 전신을 활동시켜 혈액 순환을 촉진시키고, 호흡 계통을 조정하고, 내장 기능을 증강하고, 대소 관절의 혈류를 멈추는 일 없이 잘 흐르게 한다.

吸 ← 吸

(21)　　　(20)

관절의
통증,
허리·
척추의
염증,
위궤양,
심장병
등에 대
해서도
일정의
효과가
있다.

―(2)―　　　　　　　　　　―(1)―

6 하식 독립(下式 独立) - 평형 운동

〔준비〕「람작미(攬雀尾)」(사진 27)에 이어 중심을 뒷쪽 왼발에 얹고, 오른발을 펴고, 발 끝을 올려 안쪽으로 당겨 내린다 (사진 1). 동시에 신체를 좌로 돌리고, 오른손은 오른쪽에서 아래, 왼쪽, 위, 오른쪽으로 몸의 전방에서 종으로 원을 그린다. 오른쪽으로 가져 갔으면 손가락을 구부리고, 손 끝을 모아 물건을 잡듯한「구수(釣手)」로 바꾸어 오른쪽으로 수평하게 올린다 (손가락 끝은 윗쪽을 향한다). 중심은 이것에 따라 오른발로 옮기고, 왼발을 오른발 안쪽으로 끌어 붙이고, 발끝만을 땅에 대는「좌허보」가 되게 한다(숨을 내 쉰다)(사진 2~4).

〔동작〕① 왼발을 좌측으로 1보 내고, 중심을 앞쪽으로 옮겨「좌궁보」로 되도록 하는 동시에, 왼손 손바닥을 앞쪽으로 내밀고, 손가락 끝이 위쪽을 향하는「입장」이 되게 한다 (숨을 내 쉰다). 오른쪽「구수」는 움직이지 말고, 양 발이 어깨 높이의「단편(単鞭)」이라고 부르는 자세가 되도록 한다. 눈은 왼손을 본다(사진 5).

呼 깊게 ← 吸 깊게

(6)

② 중심을 뒷쪽으로 옮기고, 오른발을 구부려 완전하게 웅크리고(뒤꿈치가 땅과 떨어져서는 안된다), 왼발은 펴고, 발끝을 안으로 끌어 당기고, 발바닥을 모두 땅에 붙인「부보(仆步)」자세가 되도록 한다. 동시에 왼손 끝을 조금 위로 올리고(깊이 숨을 들이 마신다), 안쪽으로 팔꿈치를 구부려, 가슴, 배, 넓적다리의 앞쪽을 거쳐 왼쪽 넓적다리 앞쪽으로 향하여 손바닥을 내 찌른다 (깊이 숨을 내 쉰다). 손바닥은 앞쪽으로 향하고 상체가 조금 숙여지는「단편하식(単鞭下式)」이 되게 한다 (사진 6).

③ 상체를 일으켜 90도 회전시키고 중심을 앞쪽으로 이동한다.「좌궁보」를 거쳐, 오른발의 무릎을 올리는 것과 동반하여, 왼쪽 발로 단단히 선다 (숨을 들이 마신다). 동시에 우「구수」를 손가락 끝을 모아 펴는 손바닥으로 바꾸고, 뒷쪽에서 몸쪽을 거쳐 앞쪽으로 팔꿈치를 구부리고, 손바닥으로 물건을 받쳐 올리는 듯한「탁장(托掌)」의 자세를 취한다. 오른쪽 팔꿈치 끝은 오른쪽 무릎과 대고, 손바닥은 왼쪽을 향한다. 왼쪽 손바닥은 아래에서 앞으로 향하여 몸쪽을 지나 호를 그리고 왼쪽 넓적 다리 관절 옆에서 아래로 누른다. 손바닥은 아래로 향하고, 눈은 오른손을 본다 (숨을 내 쉰다) (사진 7～8).

④ 오른발을 왼발 뒷쪽에 내려 한발로 서고 왼쪽 무릎을 구부려 올린다. 아래 넓적 다리는 자연스럽게 안쪽으로 끌어 당긴다. 동시에, 왼손은 아래에서 팔꿈치를 구부려 윗쪽으로 받쳐 올린다. 손바닥은 오른쪽으로 향하고, 왼쪽 팔꿈치 끝과 왼쪽

(7)

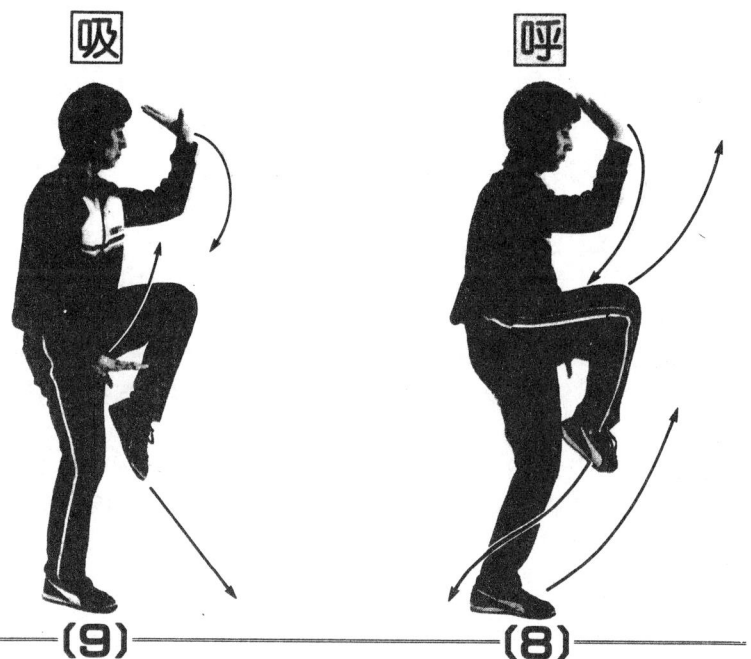

(9)　　(8)

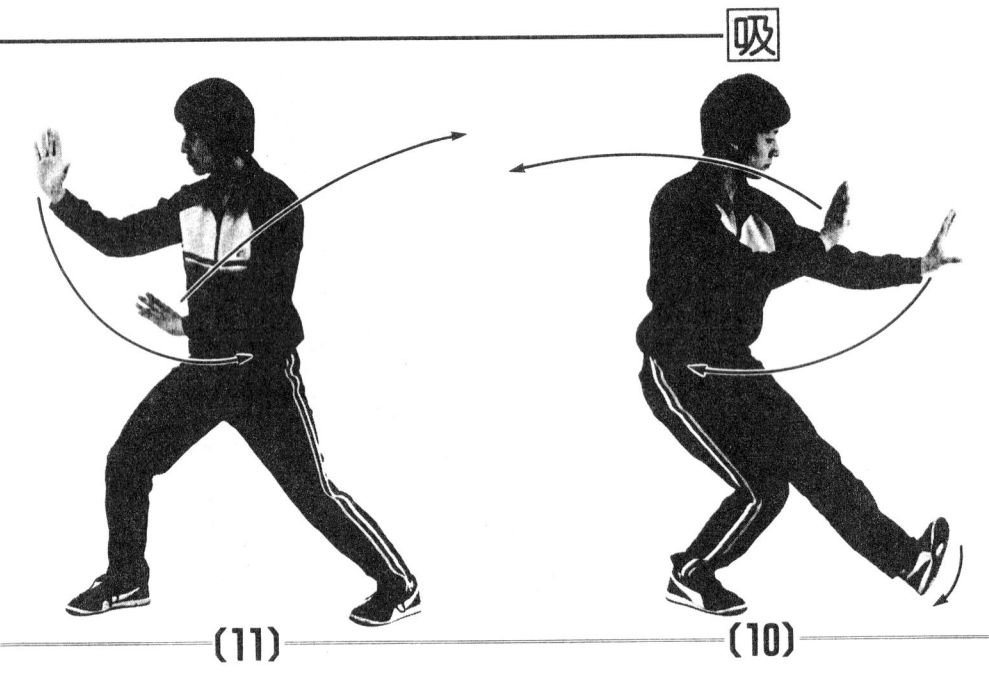

무릎은 상하로 마주한다. 오른손은 오른쪽 넓적다리 관절 옆에서 아래쪽으로 누른다. 손바닥은 아래로 향한다. 눈은 왼손을 본다 (숨을 들이 마신다) (사진 9).

⑤ 오른쪽에「하식 독립(下式独立)」을 실시하기 위하여 중심을 아래로 내리고, 왼발을 앞쪽에 내리고 뒤꿈치만을 땅에 댄다. 동시에, 왼손을 앞쪽 아래로 내린다. 손바닥은 아래로 향한다. 오른손은 앞의 윗쪽으로 들어, 가슴 앞쪽으로 가져 간다 (사진 10).

이하「준비」의《사진 2》에서《사진 9》까지와 좌우 반대의 동작을 실시한다 (사진 11~18).

〔요점〕한 발로 설 때, 발은 조금 구부려 단단히 선다. 상체는 똑바로 유지하고, 단단히 서서 조금 정지한 후, 다음 동작으로 옮긴다. 웅크릴 때의 고저는 신체의 강약을 생각하여 정한다.

〔작용〕이 식은 발의 힘을 증강시키고, 평형 기능을 촉진시키고, 혈액 순환을 좋게 하는 데에 유효한 방법이다. 관절염, 위하수, 변비, 신경 쇠약 등에 대하여 일정의 효과가 있다.

吸

(13) (12)

(14)

(16)

呼 깊게 ← 吸 깊게

(15)

吸　　　　　　呼

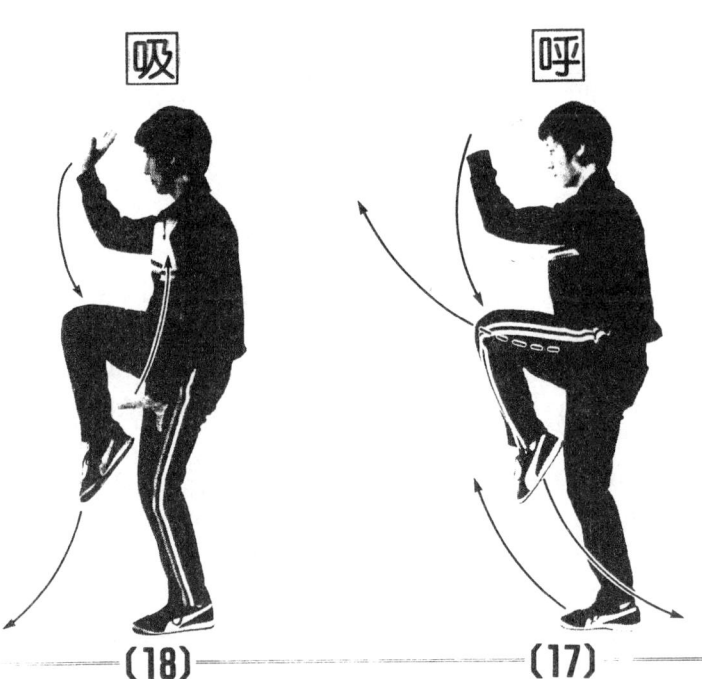

(18)　　　　　(17)

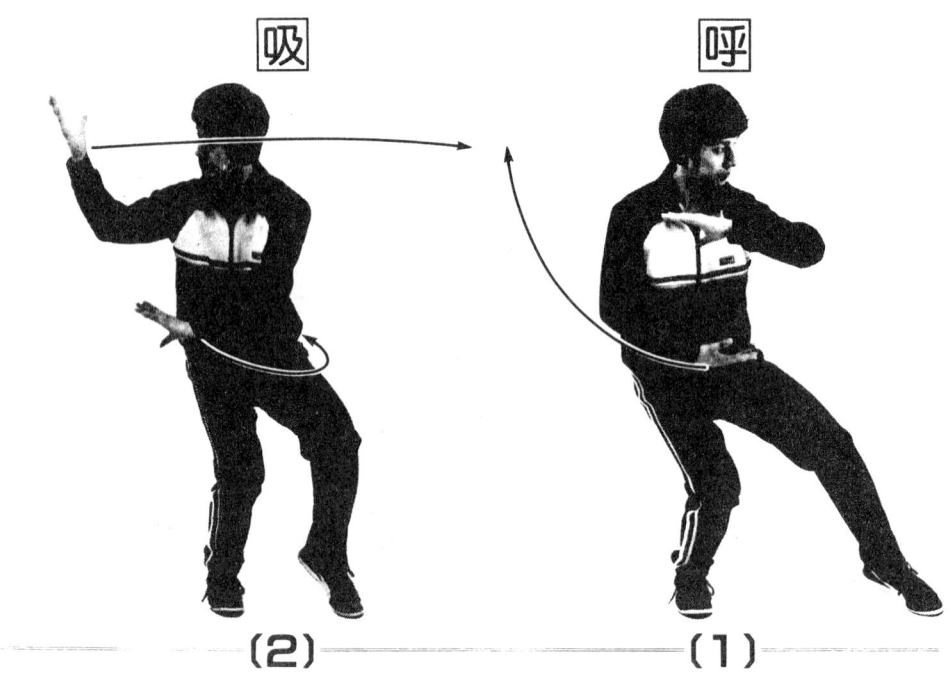

7 등각(蹬脚) = 넓적다리 운동

〔준비〕「하식 독립(下式独立)」식에 이어 오른발을 내려 몸을 90도 좌측으로 회전하고, 오른쪽 무릎을 구부려 반 웅크린다. 중심은 오른발에 있고, 왼발은 뒤꿈치를 올려「허보」가 되도록 한다 (숨을 내 쉰다). 왼손을 위로, 오른손을 아래로 상대한다「좌허보 포구식」이 된다 (사진 1).

〔동작〕오른쪽 손바닥은 오른쪽으로 귀 높이로 올린다(숨을 들이 마신다) (사진 2). 왼쪽 손바닥은 가슴 앞쪽을 지나 왼쪽 무릎의 안쪽으로 내려 무릎 근처를 안, 앞, 밖쪽으로 휘둘러 왼쪽 무릎 밖쪽으로 가져 간다. 손바닥은 아래로 향하고, 손가락 끝은 앞쪽으로 향한다. 동시에, 왼발을 앞으로 내어「좌궁보(式弓步)」가 되도록 한다. 오른손은 귀 쪽을 지나 앞으로 내 밀고, 손가락 끝이 위쪽을 향한「입장(立掌)」이 되게 한다 (숨을 내 쉰다). 눈은 오른손을 본다 (사진 3).

② 신체를 90도 우측으로 돌려 중심을 오른발로 이동하고, 왼쪽 넓적 다리를 펴고 발끝을 안쪽으로 끌어 당긴다. 왼손은 오른팔 안쪽으로 내 찌르고, 가슴 앞에서 교차시킨다. 손바닥은 안쪽으로 향한다. 동시에 중심을 왼발에 이동시키고 오른발을 끌어 당겨 붙여, 발끝만을 땅에 대는「허보」가 되게한다 (사진 5~6).

(8)　　　　　　　(7)

③ 왼쪽 한발로 서고, 오른쪽 무릎을 구부려 올리고, 오른쪽을 오른발 발바닥 전체로 내 찬다. 이것을 「등각(蹬脚)」이라고 한다. 동시에, 양손을 좌우로 나누어 벌리고, 양손이 어깨 높이로 거상되고 손가락 끝이 위쪽으로 향하는 「입장(立掌)」이 되도록 한다. 손바닥은 바깥쪽을 향하고, 눈은 오른발을 본다 (숨을 들이 마신다) (사진 7).

④ 이어서, 왼쪽에 등각을 실시한다. 오른발을 내리고, 발끝만을 땅에 대고 왼쪽 무릎을 구부리고 반 웅크린다. 중심은 왼발에 얹고, 오른손을 위에, 왼손을 아래에 상대시킨다. 「우허보 포구식」이 되게 한다 (숨을 내 쉰다). (사진 8).

이하 ①에서 ③까지와 좌우 반대의 동작을 실시한다 (사진 9~14를 실시한다).

[요점] 등각할 때는 서서히 내차야 한다. 상체를 숙여서도, 들어서도 안되며, 또 지지하는 발은 탄탄히 서있지 않으면 안된다.

[작용] 넓적 다리의 근육, 인대의 힘을 증강시키고, 평형 기능을 훈련시키고, 다리 힘의 쇠약을 방지하고, 중추 신경을 조정한다. 또, 허리, 넓적 다리, 허리의 통증을 예방하고, 치료하는 데에 유효하며, 신경 쇠약에 대해서도 효과가 있다.

呼　　　　　　　　　　　呼

(13) 　　　　　　　　　　(12)

吸

(14)

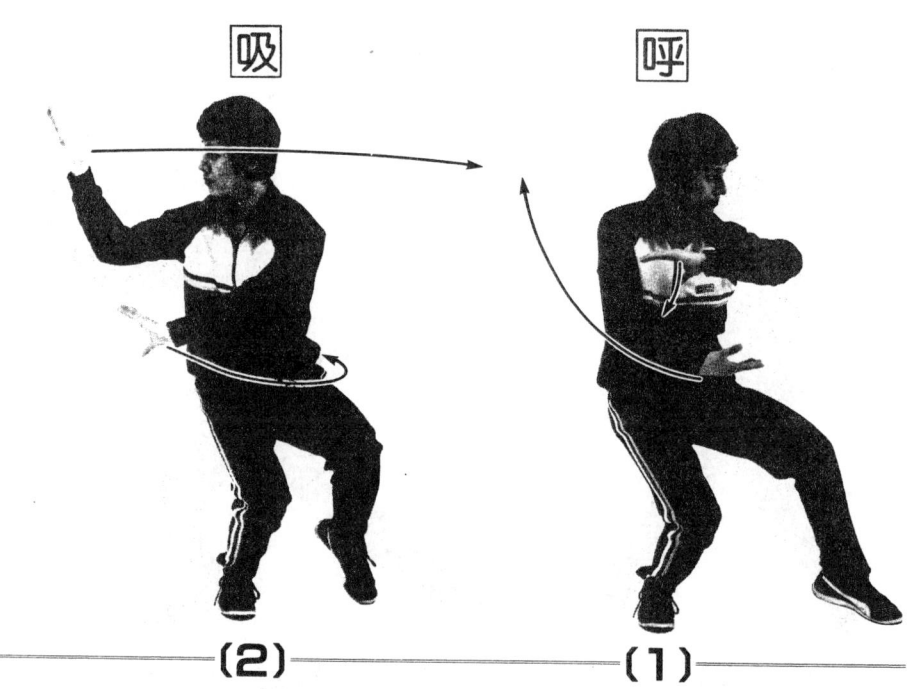

── (2) ── ── (1) ──

⑧ 십자수(十字手) = 심호흡 운동

〔준비〕「등각」에 이어 왼발을 내리고, 왼손이 위, 오른손이 아래인 「좌허보 포구식 (左虛步 抱球式)」이 되게 한다(숨을 내쉰다)(사진 1).

〔동작〕 ① 「좌궁보 우추장(左弓步 右推掌)」. 제 7 식 「등각」의 《동작①》과 같다. 오른쪽 손바닥을 오른쪽 귀의 높이로 올린다(숨을 들이마신다) (사진 2).

 왼쪽 손바닥은 가슴 앞쪽을 거쳐 왼쪽 무릎 안쪽으로 내리고, 무릎 근처를 안, 앞, 밖으로 휘둘러 돌려 왼쪽 무릎 바깥쪽으로 가져 간다. 손바닥을 아래로, 손가락 끝은 앞으로 향한다. 동시에 왼발을 앞으로 내어 「좌궁보(左弓步)」가 되도록 한다. 오른손은 귀 옆쪽을 지나 앞쪽으로 누르며, 손가락이 위를 향하는 「입장(立掌)」의 자세를 취한다 (숨을 내 쉰다) (사진 3).

② 신체를 90도 우측으로 돌리고, 양발을 조금 구부려 벌리고 선다. 동시에, 양팔을 가슴 앞에서 교차시킨다(숨을 들이 마신다). 왼팔이 안쪽으로 오고 양 손바닥은 안쪽을 향한다(사진 4).

이어서, 양 손바닥을 뒤집어 윗쪽에서 밖, 아래, 안쪽으로 원을 그리고, 가슴 앞에서 교차시켜「십자수(十字手)」가 되게 한다 (숨을 내 쉰다). 왼손이 안쪽에 있고, 양 손바닥은 안쪽을 향한다. 동시에 신체를 내려 반 웅크린다. 양손의 움직임에 따라 중심을 오른발에 얹고, 또 왼발에 얹어 오른발을 안쪽으로 반보 끌어 당겨 붙이고, 어깨 넓이로 벌리고 선다. 눈은 앞쪽을 본다 (사진 5~7).

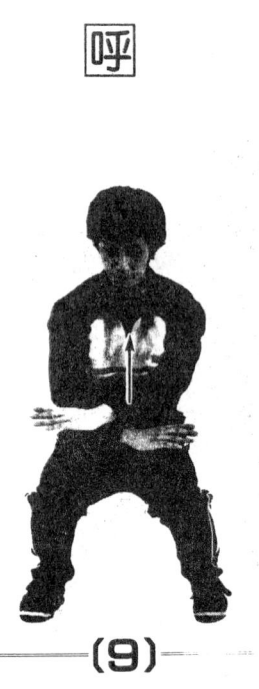

　　(9)　　　　　　　(8)

　③ 천천히 충분히 웅크린다. 양 팔은 안면 앞을 지나 들어 올리고 (숨을 깊게 들이 마신다), 위쪽으로 향하여 나누어 벌린다. 그 다음, 양 팔을 양옆을 지나 내리면서 깊이 웅크리고, 무릎 앞에서 교차시킨다(깊이 숨을 내 쉰다). 오른손이 아래로 되게, 양손 손등은 위로 향하게 한다 (사진 8~9).

　이어서, 일어서고, 교차시킨 양 팔을, 가슴 앞을 지나(깊이 숨을 들이 마신다.) 들어 올리고, 밖쪽을 향하여 나누어 벌리고, 몸쪽으로 내린다 (숨을 깊게 내 뱉는다). 손바닥은 아래, 손가락은 앞으로 향하고, 눈은 앞을 본다(사진 10~13).

　〔요점〕 양팔을 돌려 웅크릴 때는 심호흡과 일치 협조해야 한다. 동작도 완만하게 실시해야 한다. 깊이 웅크리고, 가슴을 오므리고, 깊이 숨을 내 뱉으면, 신체는 자연히 둥글게 된다. 뒤꿈치가 땅에 떨어져서는 안된다. 허리 하단은 가능한 한 밖으로 내 찌른다.

　일어서서 팔을 올릴 때는 몸을 벌리고 가슴을 펴고, 가능한 한 깊게 숨을 들이 마신다.

　웅크리는 횟수는 자신이 정하는 것이 좋다.

　〔작용〕 탄산 가스를 내 뿜고, 충분하게 공기를 들이 마시는 것이 가능하다. 내장을 압박하여, 혈액 순환을 가속시키고, 신진 대사를 촉진시키고, 심신을 유쾌하게 하는데 유효하다. 장기간 단련하면, 위하수, 소화 불량, 관상 동맥 경화증, 만성 설사 등의 치료에 일정의 효과가 있다.

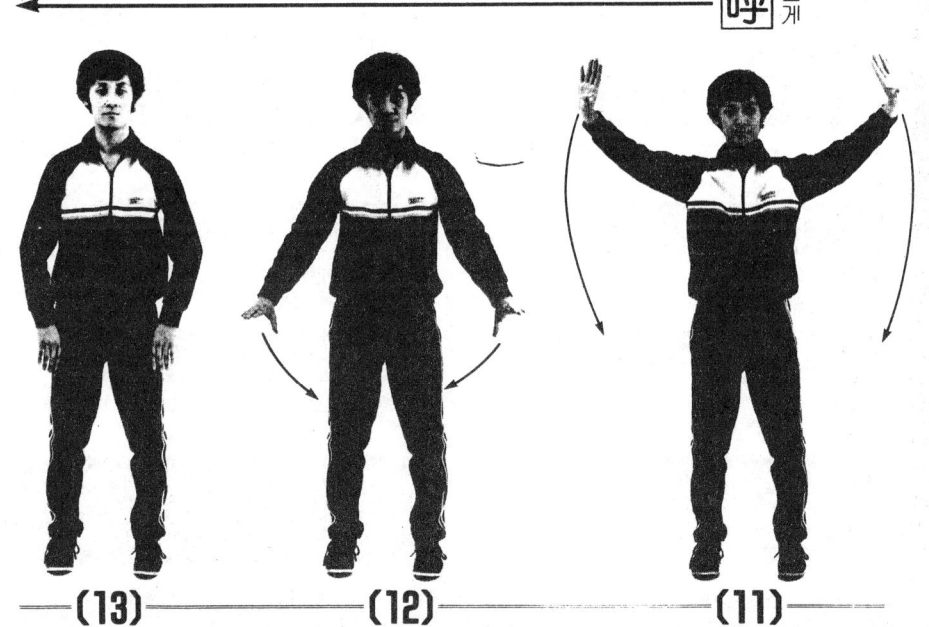

현대인의 건강과 행복을 추구하는

최신판 「현대레저시리즈」

 계속 간행중!

각박한 시대 속에서도 여유있게 삽시다!!

현대골프가이드
● 초보자를 위한 코오스의 공격법까지를 일러스트로 설명한 골프가이드!

현대요가미용건강
● 간단한 요가행법으로 날씬한 몸매. 잔병을낫게 하는 건강비법 완전 공개!

현대태권도교본
● 위협적인 발차기와 가공할 권법의 정통 무예를 위한 완벽한 지침서!

현대복싱교본
● 복싱의 초보자가 챔피언이 될 수 있는 비결을 완전 공개한 최신 가이드!

현대펜싱교본
● 멋과 품위, 자신감을 키워주는 펜싱의 명가이드!

현대검도교본
● 검술을 알기 쉽게, 빠르고 정확하게 체득 할 수 있는 검도의 완벽한 지침서!

현대신체조교본
● 활력이 넘치는 싱싱한 젊음을 갖는 비결, 현대신체조에 대한 완전가이드!

현대즐거운에어로빅댄스
● 에어로빅댄스를 통하여 세이프업한 체형을지키는 방법 완전공개!

현대보울링교본
● 몸도 젊게, 마음도 젊게, 남녀노소 누구나 즐길 수 있는 최신 보울링 가이드!

현대여성헬스교본
● 혼자서 틈틈이, 집에서도 손쉽게, 젊은 피부・매력있는 몸매를 가꾸는 비결집!

현대디스코스텝
● 젊은층이 즐겨 추는 최신 스텝을 중심으로 배우기 쉽게 엮은 디스코 가이드!

현대소림권교본
● 소림권에 대해 흥미를 가지고 있는 초보자를 위하여 만든 소림권 입문서!

현대태극권교본
● 천하무적의 권법으로 알려지고 있는 태극권의 모든 것을 공개한 지침서!

현대당구교본
● 정확한 이론과 올바른 자세를 통한 초보자의 기술 향상을 목표로 한 책!

현대유도교본
● 작은 힘으로 큰 힘을 제압하는 유도의 진면목을 익힐 수 있도록 편집된 책!

* 이상 전국 각 서점에서 지금 구입하실 수 있읍니다.

태을출판사 *주문 및 연락처
서울 중구 신당6동 52-107(동아빌딩내) ☎ 02-2237-5577

|판 권|
|본 사|
|소 유|

현대 단전호흡법

2017년 8월 20일 인쇄
2017년 8월 30일 발행

지은이 | 현대레저연구회
펴낸이 | 최 상 일

펴낸곳 | 태을출판사
서울특별시 중구 신당6동 52-107(동아빌딩내)
등 록 | 1973 1.10(제4-10호)

ⓒ2009. TAE-EUL publishing Co.,printed in Korea
※잘못된 책은 구입하신 곳에서 교환해 드립니다

■ 주문 및 연락처
우편번호 100-456
서울 특별시 중구 신당 6동 제52-107호(동아빌딩내)
전화: 2237-5577 팩스: 2233-6166

ISBN 89-493-0295-0 13690